该专著受到了2022年国际中文教育研究课题项目的资助

国际中文教师数字能力标准模型构建研究

李晓东 ◎ 著

图书在版编目（CIP）数据

国际中文教师数字能力标准模型构建研究 / 李晓东著 . -- 北京：中央民族大学出版社，2024. 9. -- ISBN 978-7-5660-2420-6

Ⅰ. H195

中国国家版本馆 CIP 数据核字第 202475XK50 号

国际中文教师数字能力标准模型构建研究

著　　者　李晓东

责任编辑　戴佩丽

封面设计　舒刚卫

出版发行　中央民族大学出版社

北京市海淀区中关村南大街 27 号　　邮编：100081

电话：（010）68472815（发行部）　传真：（010）68933757（发行部）

（010）68932218（总编室）　（010）68932447（办公室）

经 销 者　全国各地新华书店

印 刷 厂　北京鑫宇图源印刷科技有限公司

开　　本　787×1092　1/16　印张：13.5

字　　数　246 千字

版　　次　2024 年 9 月第 1 版　2024 年 9 月第 1 次印刷

书　　号　ISBN 978-7-5660-2420-6

定　　价　81. 00 元

序　言

当前，人类社会已全面进入数字化时代，大数据、云计算、人工智能等新一代信息技术在以超乎想象的速度推动各个行业向前发展的同时，也对教育教学产生了深远影响。数字技术正在改变教育行业，为教育发展提供动力，助力减轻教师负担，提升学习效果，提高教育教学的质量和效率。面对新兴技术的不断迭代更新，以及由此引发的教育教学环境的深刻变化，无论学生还是教师，都应该努力提升数字素养，掌握必备的数字知识与技能，以适应信息化时代的教育教学新业态。

国际中文教育正处在转型发展的关键期，信息技术与中文教育的深度融合成为国际中文教育创新发展的重要引擎，数智化是国际中文教育提质增效的必由之路。在国际中文教育数智化发展过程中，作为教学实施主体的国际中文教师的数字素养显得至关重要，教师能否以及在多大程度上理解并恰当应用数字技术来进行中文教学的设计、实施、评价、反馈乃至专业发展，在很大程度上影响着国际中文教育的数智化进程。对于提升国际中文教师的数字素养而言，建立一套科学、可行的数字能力评价标准是当务之急，它可以为国际中文教师数字能力的评估及培养培训提供依据。从这个意义上来说，晓东的这本专著可谓恰逢其时。

这本著作是在晓东博士学位论文的基础上创作而成的。晓东是我的研究生中非常勤奋的一位学生，他也是他们那届“国际汉语教学”专业的博士生中唯一一个在三年内按时毕业的。记得他读博士那几年，我经常在下班回家的路上碰到他，他每次都说刚从图书馆学习回来，去食堂吃饭，所以我知道他是每天都“泡”在图书馆的。他也是在我的办公室呆得最多的一位博士生，经常被同门打趣“霸占”了其他同学见导师的时间。从入学的第一个学期开始，他就不停地撰写学术论文，时不时拿着刚完成的初稿来找我一起修改，到第三年结束时，他不仅顺利完成了学位论文，还公开发表了多篇学术论文。

晓东博士论文的选题算是较为顺利的，他提交给我的第一个题目就得到我的肯定，直接就确定了下来。之所以选择这个题目，他其实也是有感而发。作为一个入学时年龄偏大的博士生，他常感慨自己的数字能力不如那些年轻一些的学弟学妹，开玩笑说自己是数字时代的“移民”，而学弟学妹们则是数字时代的“原住民”。在查阅了大量国内外文献之后，他愈发觉得这个问题很重要，值得研究，而且学界尚未制定出国际中文教师数字能力标准，相关的研究也较为缺乏，便决定以此作为学位论文的选题。研究过程中，他非常能吃苦，也非常认真、严谨，无论是做问卷还是专家访谈，都一丝不苟。完成博士论文的过程中，他熟练掌握了多种统计方法，自己的数字能力也得到了不小的提升，真正做到了“学以致用”。

晓东的专著《国际中文教师数字能力标准模型构建研究》采用实证研究方法，基于教师专业发展理论和TPACK理论，通过对国内外教师数字能力标准和框架的系统梳理，结合对国际中文教育的特殊性、中文教学实践的特定需求以及实际问题的剖析，经过模型初构、专家验证、实证检验等多个环节，最终构建出由6个一级指标、27个二级指标组成的国际中文教师数字能力标准模型。作为业内首个经由实证研究方法构建起来的国际中文教师数字能力标准模型，其价值不言而喻。此外，他还以构建的模型为依据，设计评价量表，对327位国际中文教师进行问卷调查，总结国际中文教师数字能力现状，分析存在的问题及影响因素，在此基础上提出提升国际中文教师数字能力的相关对策。总体来看，这本专著选题具有前沿性，研究也做得非常扎实，逻辑严密，结论可靠。作为国内首个国际中文教师数字能力标准模型，或许它的整体结构以及部分指标还存在可以进一步完善的地方，但其本身具有的开创性价值是永远不能被淹没的。近年来，国际中文教师数字能力日益受到学界关注，相关的研究逐渐多起来，甚至有关政府部门也在组织研发相关标准，但是晓东这部专著在这一领域所做的开拓性工作仍然是值得肯定和赞赏的。希望国际中文教师以及其他学科的教师甚至社会人员，通过阅读这本专著，可以更好地理解数字化的内涵，把握教育数字化趋势，知晓从哪些方面、通过哪些途径去提升数字（教学）能力，从而在未来的专业实践中把握住机遇，更好地迎接信息化时代带来的挑战。

美国教育家杜威指出："教育是人生的再生"。在这个快速发展的数字化社会环境里，我们只有不断提升自身的数字能力，才能更好地适应社会的发展。一个数字化赋能的国际中文教育新时代正在到来，参与到国际中文教育事业中的每一个人，都应该以更开放的心态，更积极的行动，不断提升自身的数字能力，为国际中文教育注入新的活力和可能，持续推动国际中文教育的高质量可持续发展。

晓东倾心多年创作的专著即将付梓，由衷地为他感到高兴，同时也希望晓东百尺竿头，更进一步，持续潜心研究，创作出更多更优秀的学术成果。

刘玉屏

2024年5月20日于北京

内容简介

数字化时代背景下，云计算、大数据、人工智能等新数字技术加快了社会的变革，推动了教育的改革，教师队伍的数字能力提升迫在眉睫。2023年5月29习近平总书记在中共中央政治局第五次集体学习时强调“教育数字化是我国开辟教育发展新赛道和塑造教育发展新优势的重要突破口”。数字技术应用推动了国际中文教育的发展，数字技术与国际中文教育的深度融合成为国际中文教育改革和现代化的必由之路。随着数字技术与教育发展的深度融合，不同学科在教学内容、方法、理念等方面存在差异，要求教师不仅要具备普遍性的数字能力，同时还需要具备专业相关的数字能力。这对国际中文教师的数字能力提出了新的更高要求。

何为国际中文教师数字能力，我们基于国内外教师数字能力的概念和国际中文教育的特征，将国际中文教师数字能力定义为指国际中文教师在遵守教学所在国家及地区的法律道德前提下，具有数字意识、跨文化交际思维和创新精神，有效地使用数字技术完成中文教学、学术研究和自主学习的能力。本研究主要采用内容分析法、问卷调查法、德尔菲法、层次分析法等研究方法，利用SPSS、JAMOVE、词频统计软件等数据处理工具，采用描述统计、方差分析及相关性分析等统计分析方法，分析国际中文教师数字能力发展需求，初步拟构了国际中文教师数字能力(不包括国外的本土中文教师)标准模型，并对拟构的模型进行实证检验，同时考察国际中文教师数字能力现状及存在的问题，分析影响中文教师数字能力的主要因素，希望可以为国际中文教师数字能力建设和专业发展提供参考。

对国际中文教师数字能力的现实需求分析发现：（1）数字技术是教育

创新发展的“引擎”，数字能力是国际中文教师亟需发展和培养的关键能力之一；（2）国际中文教师数字能力水平与国际中文数字化教学需求有一定的差距；（3）汉语国际教育专业培养方案存在数字能力课程设置不合理；（4）缺乏针对国际中文专业的数字能力课程；（5）本、硕、博三个层次对国际中文教师数字能力培养缺乏系统性和层级性。

国际中文教师数字能力标准模型构建。第一步，采用词频统计方法抽取国内外教师数字能力标准和模型共同关注的指标；第二步，基于教师发展理论和TPACK理论，结合国际中文教学的学科特点，采用内容分析法分析国际中文教师数字能力的维度，初步构建国际中文教师数字能力标准模型；第三步，采用德尔菲法进行标准模型的专家验证，通过对13位国内外权威专家的三次咨询，进一步验证和修订国际中文教师数字能力标准模型；第四步，采用层次分析法计算标准模型的权重。经过以上几个步骤，最终构建起国际中文教师数字能力标准模型，包括数字意识、数字知识、数字技术能力、数字教学能力、数字研究能力、数字教学创新能力6个一级指标及其下属的27个二级指标，表明这些数字能力是国际中文教师重点发展和培养的数字能力。

通过国际中文教师的数字能力自评调查研究发现：（1）本文拟构的数字能力标准模型的内容效度和结构效度都很高，适合开展国际中文教师数字能力自评调查研究；（2）国际中文教师数字能力整体水平较高，但教师的数字能力发展不均衡，国际中文教师的数字意识较强，数字技术能力、数字研究能力、数字教学能力水平居中，数字知识和数字教学创新能力水平较低，特别是在新技术应用、数字教学环境创设等部分数字能力较为薄弱；（3）年龄、性别和教龄因素对国际中文教师数字能力影响差异不显著，学历因素仅在数字研究能力方面的得分差异显著，培训、数字环境和线上教学态度因素对国际中文教师数字能力的影响差异显著，表明培训、数字环境和线上教学态度是影响国际中文教师数字能力发展的主要因素。

本研究的创新之处在于，对国际中文教师数字能力进行较为全面的研究，首次构建了国际中文教师数字能力标准模型，并验证了该标准模型具有可操作性和实效性，为国际中文教师提供了新的研究视角。国际中文教师数字能力标准模型研究有助于国际中文教师数字能力发展，为国际中文教师数字能力标准研究和评价体系构建提供借鉴和参考。

本研究通过科学的研究方法和大量的实证数据较为全面的分析了国际中文教师数字能力指标框架，但任然存在一定的不足，希望本书为您的研究有所帮助，恳请各位老师和同学批评指正！

在此，感谢我的导师刘玉屏教授为本书撰写序言，感谢13位专家的咨询帮助，感谢中央民族大学国际教育学院的领导和教师对我的培养，感谢一路走来所遇的良师益友！

目　录

绪　论

一、研究缘起与研究意义

（一）研究缘起

1. 数字能力是21世纪学习目标新指向

数字能力是21世纪的教育和学习目标指向数字时代的关键素养和技能（王佑镁等，2013）。同时数字能力也是教师发展的核心能力之一，被欧盟界定为个体终身学习的八大关键能力之一（周凤飞等，2014）。当前社会已进入数字化时代，要适应这个时代的生活，基本的数字能力必不可少，线上教学或线上线下混合式教学是未来国际中文教学发展的趋势，国际中文数字化教学需要发展教师数字能力，国际中文教师数字能力是国际中文教师能力发展的新指向。

2. 国际中文教师发展的现实需要

数字化时代背景下，国际中文教育是一项国际视域下的教育事业，国际中文教师的教学对象是世界各国的汉语学习者，国际中文教师要体现国际化、时代性的特征，数字能力是国际中文教师的必备能力，教师所具备的数字能力水平直接影响教学的质量。当前各国非常重视公民数字能力培养，特别是教师数字能力的提升，研究国际中文教师的数字能力是时代发展的要求，同时也是国际中文教师自身发展的需要。

3. 国际中文教师数字能力研究薄弱

近年来，数字能力已经成为各国教育改革的重要方面，各国都有专门组织机构负责本国的数字能力发展，把数字能力作为教师发展的关键能力。然而，目前国际中文教师数字能力研究较少，研究薄弱，主要涉及现代教育技术和信息素养方面的研究，数字能力培养研究薄弱，需要研究者更多地关注国际中文教师数字能力的研究。

（二）研究意义

1.学术价值

（1）国际中文教师数字能力标准模型研究为国际中文教师研究提供新的研究视角。数字时代，国际中文教育正处在转型发展时期，面临着诸多的挑战和机遇，人工智能、大数据、5G移动互联网等新技术在教育的应用，推动了国际中文教育的发展，但也给国际中文教师提出了更高的要求，国际中文教师的数字能力标准模型研究拓展了国际中文教师的研究领域，为国际中文教师提供了新的研究视角。

（2）梳理教师发展理论和数字能力发展理论，充实国际中文教师数字能力的理论基础。目前，国内对教师数字能力发展理论研究较为薄弱，本研究从教师专业发展理论和整合技术的学科教学知识理论角度，为构建国际中文教师数字能力标准模型提供理论依据和理论指导，丰富国际中文教学理论体系。

（3）国际中文教师数字能力标准模型构建研究为中文教师数字能力标准构建提供借鉴和参考。通过问卷调查了解国际中文教师数字能力现状，分析影响国际中文教师数字能力的培养情况，探索国际中文教师数字能力的构成要素，构建国际中文教师数字能力标准模型，根据标准模型指标制成问卷，进一步验证国际中文教师数字能力标准模型，为制定国际中文教师的数字能力标准和评价体系提供参考。

2.应用价值

（1）可作为国际中文教师数字能力发展的“目标导向”

在数字化时代背景下，数字能力作为教师发展的关键能力之一，教师必须提升自我数字能力，才能满足国际中文教师自主学习、汉语教学和学术研究等方面的发展需求。同时，通过国际中文教师数字能力标准模型的研究，希望引起国家相关部门及研究者的关注，获得政府相关职能部门的政策支持，加快国际中文教师数字能力的研究。有助于提升国际汉语教师的数字能力，促进国际中文教师专业发展和国际中文教学实践。

（2）可为国际中文教学教师标准的修订提供参考

国际中文教师数字能力标准模型研究可为国际中文教学教师标准的修订提供参考。中外语言交流合作中心长期以来十分重视国际中文教师标准的制定工作。2007年发布我国首个《国际汉语教师标准》，2012年经修订再次发布，2019年底，中外语言交流合作中心启动了《国际汉语教师标准》修订工作[①]。在研讨会上，中外语言交流合作中心领导强调，教师标准应与时俱进，教师应随着云计算、5G移动互联网、人工智能大数据等新技术的应用不断更新知识和技能。然而，目前国际中文教师数字能力的研究十分薄弱，国际中文教师数字能力标准模型的研究将有助于完善国际中文教师标准研究。

（3）可开展国际中文教师数字能力相关的研究

国际中文教师数字能力标准模型的研究可用于国际中文教师数字能力的相关研究。例如国际中文教师数字能力标准模型的研究可用于国际中文教师数字能力自我评价，国际中文教师数字能力发展的因素等方面的研究。

二、研究思路与研究方法

（一）研究思路

本研究主要围绕国内相关研究现状、相关理论基础、初步构拟了国际中文教师数字能力标准模型，通过德尔菲法和层次分析法对标准模型进行专家验证，根据标准模型设计教师数字能力自评问卷，进一步验证标准模型的结构效度，分析影响国际中文教师数字能力的因素，最后根据教师

① 12月19日，以“新项目、新伙伴、新发展”为主题的2020国际中文教育交流周活动之一，“国际中文教师标准与认证”国际研讨会。

数字能力发展存在的问题，提出国际中文教师数字能力提升策略（见图0-1）。

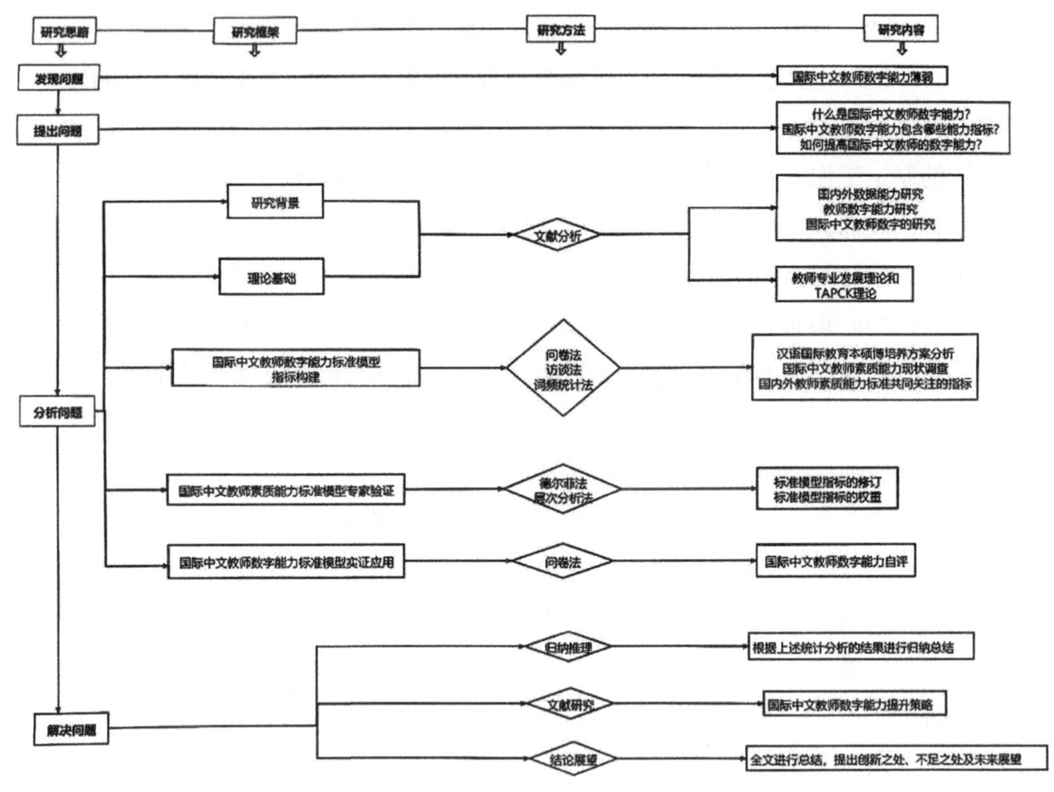

图0-1　研究技术路线图

首先，通过梳理国内外数字能力、教师数字能力、国际中文教师数字能力及教师发展理论和数字能力发展理论研究的相关文献，探究国际中文教师数字能力发展的理论基础；其次，基于教师专业发展理论和TPACK理论，梳理国内外教师数字能力标准和模型，采用词频统计软件，统计国内外教师数字能力标准和框架共同关注的指标，结合国际中文教学的特点，从国际中文教学内容、教学技能、教学对象、汉语传播、跨文化交际等角度分析国际中文教师需要的数字能力，初步构建国际中文教师数字能力标准模型的指标及描述；第三，采用德尔菲法对国际中文教师数字能力标准模型的指标进行验证和修订，采用层次分析法确立国际中文教师数字能力标准模型指标的权重，构建国际中文教师数字能力标准模型；第四，标准模型的实证应用，进一步验证该标准模型指标的内容一致性和可靠性，通过问卷调查分析国际中文教师数字能力水平及影响因素；第五，归纳国际中文教师数字能力发展的问题，针对问题提出国际中文教师数字能力提升策略，总结研究不足，并对未来研究方向提出几点思考。

（二）研究方法

1.CiteSpace计量统计分析

CiteSpace计量统计分析方法可以绘制科学和技术领域发展的知识图谱，直观地展现科学知识领域的信息，识别某一科学领域中的研究趋势、热点研究和前沿方向。本研究采用CiteSpace软件分析国内外数字能力研究文献，梳理国内外数字能力发展研究动态，了解国内外数字能力的研究趋势、热点研究问题和前沿方向。

2.问卷法

采用问卷法对国际中文教师的数字能力进行调查。本研究共开展了两次中文教师数字能力调查，第一次调查的被试共205人，调查目的是了解国际中文教师数字能力现状和数字教学环境，分析国际中文教师数字能力需求，为构建国际中文教师数字能力标准模型奠定基础；第二次调查的被试共327人，目的是对国际中文教师数字能力标准模型进行实证检验，并考察国际中文教师数字能力水平及存在的问题，分析影响国际中文教师数字能力发展的主要因素。

3.内容分析法

本研究采用内容分析法分析了汉语国际教育专业本、硕、博的人才培养方案，从人才培养方案中的教师数字能力培养目标要求、课程开设等方面分析中文教师数字能力的培养现状；分析了国内外教师数字能力标准和框架及国际中文教师数字能力的维度，为初步构建国际中文教师数字能力标准模型奠定基础。

4.德尔菲法

德尔菲法也称专家调查法，是专家调查法中很重要的一种方法。该方法是采用匿名发表意见的方式，选取对应领域有代表性和权威性的专家，对所要预测的问题或问卷进行多轮次的专家意见征询，通过迭代式的征询、归纳和修改，最后专家达成一致意见。在本研究中，将通过该方法确定国际中文教师的数字能力标准模型的指标，并对指标进行细化，构建有针对性的国际中文教师数字能力标准模型。

5.层次分析法

层次分析法（The Analytic Hierarchy Process，简称为AHP）是将定量分析和定性分析相结合的研究方法，主要用于多个层次或多个目标的评价或决策中。本研究依据国际中文教师数字能力标准模型，采用层次分析法计算不同维度指标的权重值，构建具有较高可靠性的国际中文教师数字标准模型。

三、相关研究动态

（一）概念界定

1.数字能力（Digital competence）

柯林斯英汉双解大词典将“competence”解释为“Competence is the ability to do something well or effectively”，意为“能力，是指做好或有效地做某事的能力”。国内通常用“literacy”表示素养，而对“competence”的翻译主要是“胜任力”（章凯等，2004；任友群，2017；郑旭东，2019）、“竞争力”（李峰等，2017）和“能力”（王佑镁等，2013），专业释义被引用次数最多的是“能力”①，故本文将“competence”译为“能力”。

数字能力的概念最早出现在20世纪在90年代，指的是通过信息化技术阅读超链接的文本及探讨多媒体格式的能力。Gilster（1997）将数字能

① http：//www.youdao.com/w/competence/#keyfrom=dict2.top.

力定义为“能够通过计算机，理解和使用广泛的、多种格式的信息来源”。随着信息技术的发展，数字能力的内涵也得到了发展。

欧洲理事议会（2007）把数字能力定为公民终身学习的八大关键能力之一，数字能力是指自信和批判性地使用社会信息技术（IST）进行工作、学习、休闲和交流（European Communities，2007）。

ALA mutka et al.（2008）认为数字能力包含数字能力领域的技能和知识、隐私和安全、道德和法律、创建内容时的批判态度、使用信息内容时的批判态度等四个方面。

欧盟委员会联合研究中心（2011）将数字能力定义为自信地、批判性地、创造性地使用计算机信息技术，实现工作、就业、学习、休闲娱乐、决策或社会参与等相关目标所需的知识、技能和态度的集合（European Communities，2011）。

Ferrari（2012）认为数字能力是使用信息通信技术和数字媒体执行任务时所需的一组知识、技能、态度（包括能力、策略、价值和意识）；解决问题；通信；管理信息；合作；创建和共享内容；并有效、高效、适当地、批判地、创造性地、自主地、灵活地、道德地、反思的积累知识，以用于工作、休闲、参与、学习、社交、消费和赋权。

国内学者对数字能力也给出了定义，但本质上与国外学者给出的定义没有太大差别。如王佑镁等（2013）将数字能力视为数字时代重要的生存技能和知识资产，是指在学习、工作、休闲、娱乐及自信地、创造性地使用ICT的能力，并参考Kirsti Ala-Mutka（2011）的数字能力模型，构建了数字能力的概念框架（见图0-2）。

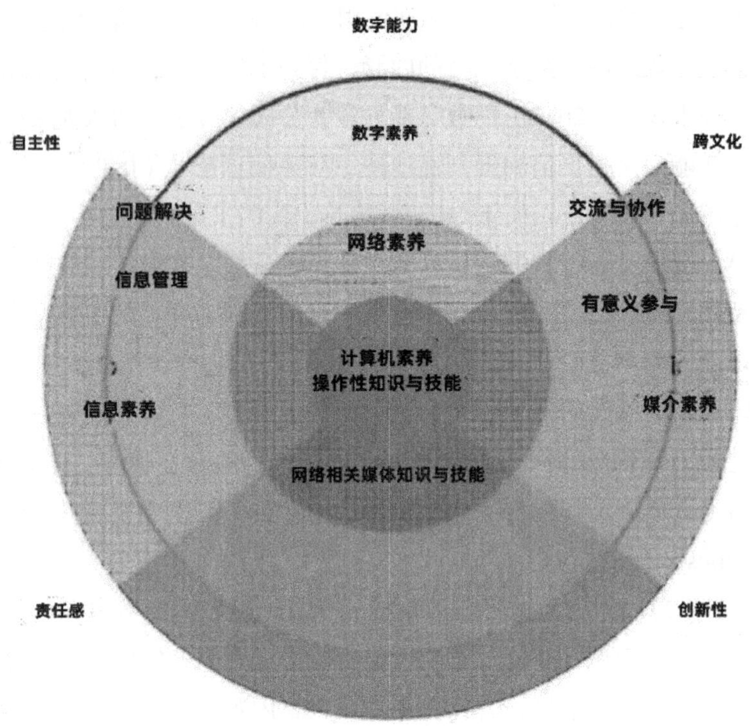

图 0–2 数字能力的概念框架（参考 Kirsti Ala–Mutka，2011）

根据上图可以看出数字能力内涵延伸到各种素养领域。王佑镁等（2013）拓展了数字能力的内涵，认为数字能力不仅包含在工作、娱乐以及交流中自信且批判地使用信息社会技术，还应该包括多文化素养与全球意识、应对复杂情境、自主学习、创造性、承担风险、个人责任感、社会与公民责任感、时间管理等方面的能力。

基于上述研究，数字能力的内涵在不断发展、不断丰富，既包括数字技术、知识等显性的能力，也包括数字意识、态度、数字能力品质、数字技术观念等潜在的、隐性的能力。

2其他相关概念

（1）数字化教学资源（Digital teaching resources）是指以计算机网络为媒介，经过数字化处理的教学材料，可以在计算机和网络环境下运行，包括多媒体课件、学科教学网站等教学资源（周丹，2014）。

（2）数字技术（Digital technology）指的是生产、存储、处理、传播和交换信息过程中需要的科技手段，也包括人工智能在内的信息应用手段。其中，我们对信息和通信技术、数字技术、数字基础设施以及使用这些技术产生和收集的数据不做区分。

（3）数字公民（Digital Citizens）指拥有参与数字社会的信息和通信技术设备和技 能的社会公民（Paris：UNESCO 2011）。

（4）数字内容（Digital Content）指以数字数据形式存在的任何类型的内容，以及可以使用计算机或任何其他数字设备创建、查看、分发、修改和存储的内容（Based on R et al，2016）。

（5）数字工具（Digital tools）指用于特定目的或用于执行信息处理、通信、内容创 建、安全或问题解决的特定功能的技术。

（6）特定于主题的数字工具（Subject-specific digital tools）指专门用于特定学科教 学或学习的技术（工具、软件、应用程序）。

（7）教育数字工具（Educational digital tools）指专门用于教学或学习以及教学目的 的技术（工具、软件、应用程序）。

（8）技术数字工具（Technological digital tools）指专为教学或学习技术技能而设计 和使用的技术（工具、软件、应用程序）。

（9）数字媒体（Digital media）是指以计算机技术和网络通信技术为主要通信手段，综合处理文字、声音、图形、图像等媒体信息，实现数字媒体的表示、记录、处理、存储、传输、显示、管理等各个环节，使抽象的信息变成可感知、可管理、可交互的一种软硬件技术（Burnett，C，2011）。

（10）数字鸿沟（Digital gap）是指在当代社会信息化、数字化、网络化发展过程中，不同基础条件的信息主体之间在现代信息技术拥有与使用方面的差距（周向红，2016）。

3. 国际中文教师数字能力

（1）教师数字能力

关于教师数字能力的概念，学者给出了不同的解释。如教师的数字能力是指教师通过使用信息通信技术，帮助学生成为具有协作能力、创造性和解决问题的学习者，使他们成为合格的数字公民和劳动力成员（UNESCO，2011）。加泰罗尼亚（2014）将教师的数字能力定义为教师在其专业实践中动员和传播其有关ICT的知识、策略、能力和态度，以适应实际情况的能力，以便：a）促进学生的学习和数字能力的获得；b）根据数字时代的需求，进行改进和创新教学的过程；c）根据社会和学校的变化为他们的专业发展作出贡献。教师的数字能力既指教学能力，也指方法能力（MDC），但此外，还需要参考工具性使用技术（IDC）的ICT能力。

（2）国际中文教师数字能力

何为国际中文教师数字能力，目前学界还没有给出明确的、普遍认可的概念，本文依据国际中文教师数字能力的构成要素，结合国际中文学科特点和国际中文教学未来的发展，尝试着给出国际中文教师数字能力的定义，即国际中文教师数字能力是指国际中文教师在遵守教学所在国家及地区的法律道德的前提下，具有数字意识、跨文化交际思维和创新精神，有效地使用数字技术完成中文教学、学术研究和自主学习的能力。

（二）数字能力研究

1. 国外的数字能力研究

研究采用Citespace文献计量分析，对“数字能力”研究中文文献的发文量、作者合作、国家地区、领域热点、学科前沿进行分析，用Citespace5.0.R1.SE（64–bit）软件以“Digital competence”为主题在Web of Science搜索，共检索853篇文献（不包括会议和报纸），作为分析的样本[①]。

（1）国外数字能力研究年度发文趋势

发文量及其随时间的变化可以在一定程度上反映该研究领域的发展趋势及关注度。从图0–3可以看出，在这一领域研究，从整体水平上来看，从1993年— 2019年论文数量保持着一个上升的状态。从1993年开始有了对该领研究的论文，发文量为1篇，但在之后较长的一段时间内该领域的

① 检索日期为2020年4月30日。

年份发文量为0，出现了研究的空窗期。该领域的发文数量可大致分为三个阶段：第一个阶段是1993年—2008年，为该领域的前期探索阶段，在该领域发文数量极少，年份发文量基本保持在10篇以内，在2008年时达到了11篇，并且未出现较大波动情况；第二个阶段是2009年—2014年，为该领域发展的初级阶段，从2009年开始，年份发文量基本呈现出了逐年递增的趋势，且较前一个阶段，年份发文量有了明显的改观，在2013年时达到了该阶段发文的小高峰，为49篇，但在2014年，年份发文数量有所下降。第三个阶段是2015年—2019年，为该领域快速发展期，在这一时间段内，该领域的发文数量增长速度飞快，与前两个阶段比起来，发文数量遥遥领先，均在50篇以上，且随着时间发展，呈现出了逐年快速增长的趋势，在2019年时，达到了整个领域发文的峰值，为178篇。

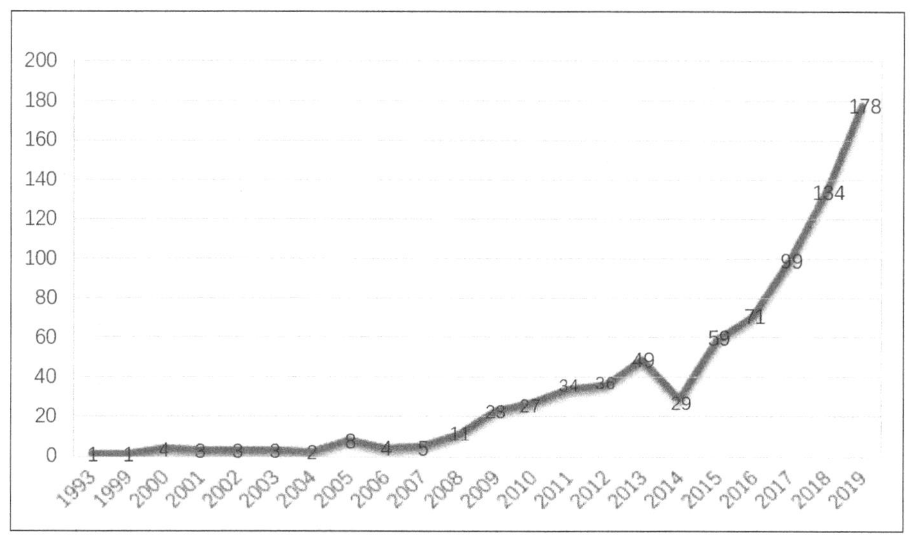

图 0–3 国外数字能力研究年度发文趋势

（2）国外数字能力研究国家地区合作情况

运行Citespace，节点类型“Country”，时间跨度设为1993年—2020年，时间切片设为每3年，TopN=100，得到在该领域国家地区的合作网络图0–4。

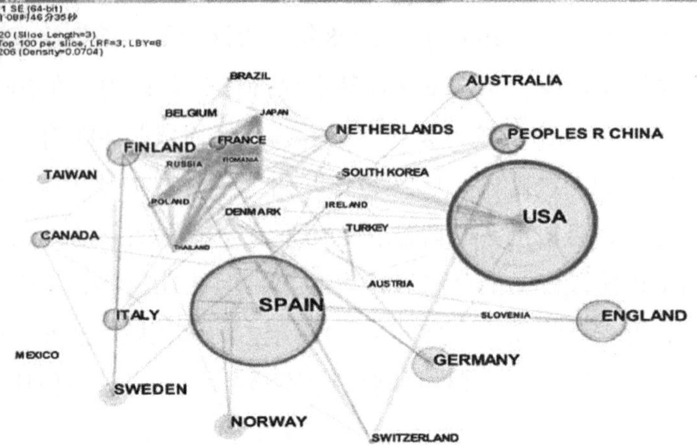

图 0–4　国外数字能力研究国家地区的合作网络图

从图0–4可以看出，该研究领域发文量排名前10的地区分别是：美国（USA）、西班牙（Spain）、英格兰（England）、德国（Germany）、澳大利亚（Australia）、芬兰（Finland）、挪威（Norway）、瑞典（Sweden）、中国大陆（PeoplesRChina）、意大利（Italy）详情见表0–1。在该领域发文量方面，美国和西班牙不仅在该研究领域的发文量远远超过其他国家，而且与其他国家之间的合作关系也更为突出，形成了以美国和西班牙等国家为核心的大型合作网络，尤其是美国在合作网络中占据着重要的位置，发文量高，且中心度明显高于其他国家，在合作网络中，与其他研究国家的合作较为密切，表明在该领域具有一定的权威。中国大陆排名第九，发文量37篇，中心度0.23较高。

表 0–1　国外数字能力关键词频次统计表

国家或地区	发文量	中心度	国家或地区	发文量	中心度
USA	158	0.59	Finland	40	0.17
Spain	138	0.29	Norway	40	0.07
England	57	0.17	Sweden	38	0.06
Germany	54	0.03	Peoples R China	37	0.23
Australia	41	0.14	Italy	29	0.14

（3）国外数字能力研究的热点领域

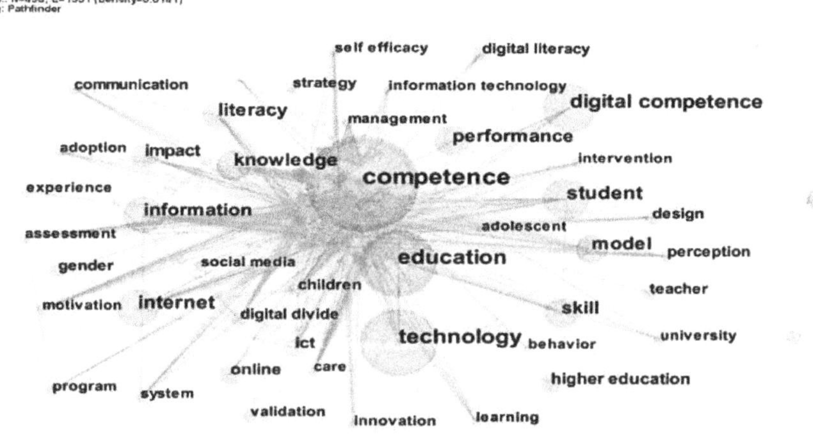

图 0-5　国外数字能力研究关键词共现图谱

从该领域的关键词共现图谱（图 0-5）可以看出，出现频次前十的关键词分别是：能力（competence）、技术（technology）、教育（education）、数字能力（digital competence）、学生（student）、互联网（internet）、信息（information）、技能（skill）、知识（knowledge）、绩效（performance）。详情见表 0-2：

表 0-2　国外数字能力关键词频次统计表

关键词	频次	中心度	关键词	频次	中心度
competence	128	0.12	internet	57	0.05
technology	91	0.07	information	50	0.10
education	87	0.12	skill	48	0.17
digital competence	64	0.05	knowledge	43	0.08
student	57	0.05	performance	41	0.20

中心度又称中介中心性，中心性越高表示该关键词与其他关键词之间的联系越多，占该领域研究的核心地位。当此关键词的中介中心性大于0.1时，称为关键节点。根据图表和后台数据，中心度大于0.1的关键词为：绩效（performance）、技能（skill）、能力（competence）、教育（education）、信息（information）、素养（literacy）和管理（management）。

（4）国外数字能力研究的前沿

该领域的关键词突现图谱（图0–6）显示，2005年— 2011年，数字鸿沟“digitaldivide”这一关键词突现，持续突现时间为7年，突现强度为2.79。2005年— 2015年，关键词“divide”突现，持续突现的时间为11年，突现强度为2.27。2016年— 2018年，高等教育“higher education”和项目“program”关键词突现，持续时间2年，突现强度分别为4.13和2.43。2017年— 2020年，2017年工作“work”这一关键词突现，突现强度为1.69，一直持续到现在，预计将会在未来的一段时间内继续成为该领域研究的热点和核心。

Top 18 Keywords with the Strongest Citation Bursts

Keywords	Year	Strength	Begin	End	1993 - 2020
digital divide	1993	2.7877	2005	2011	
divide	1993	2.2696	2005	2015	
decision support	1993	2.3759	2006	2011	
nurse	1993	1.8867	2006	2009	
curriculum	1993	3.311	2009	2016	
adoption	1993	1.8424	2010	2014	
internet	1993	3.4094	2010	2014	
instruction	1993	1.8262	2011	2013	
internet use	1993	2.4567	2013	2016	
ict	1993	2.5368	2013	2015	
simulation	1993	2.5373	2014	2016	
digital native	1993	2.0957	2014	2016	
gender	1993	2.4885	2015	2018	
metaanalysis	1993	1.8941	2016	2018	
higher education	1993	4.1266	2016	2018	
program	1993	2.4284	2016	2018	
validation	1993	3.7482	2016	2018	
work	1993	1.6862	2017	2020	

图 0–6 国外数字能力研究关键词突现图谱

2.国内的数字能力研究

研究采用文献计量分析，对“数字能力”研究中文文献的发文量、作者合作、领域 热点、学科前沿进行分析，用 Citespace5.0.R1.SE（64-bit）软件，在中国知网，以“数字能力”为主题搜索，共检索751篇文献（不包括会议和报纸），作为分析的样本[①]。

（1）国内数字能力研究年度发文趋势

从图0-7中可以看出，在这一领域研究，从整体水平上来看，论文数量保持着一个上升的状态。从1963年开始有了对该领研究的论文，发文量很小，直到2001年才达到了13篇，其余都在10篇以下，并且有的年份甚至出现未发文的情况，表明在该领域的前期发展阶段，发文数量严重不足。从2004年开始到2008年，为该领域的发展过渡阶段，发文量均在10篇以上，较上一个阶段有了很大的提升。2009年到2019年这一时间段内，年份发文量明显有所上升，表明研究学者和专家对该领域开始重视起来，2019年发文量也达到了一个较为可观的水平。

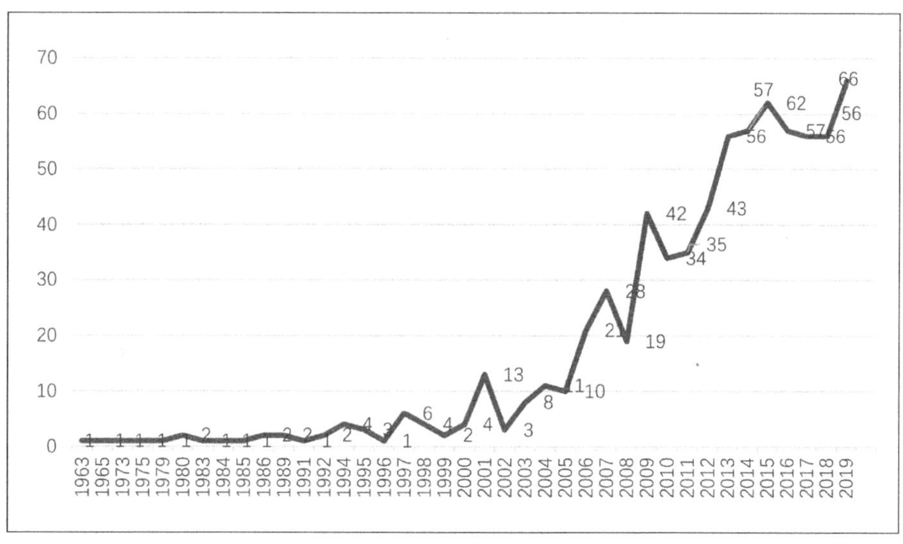

图0-7 国内数字能力研究年度发文趋势

① 检索时间为2020年4月10日。

（2）国内数字能力研究的热点领域

通过关键词共现图谱和关键词时区视图我们可以判断该领域研究的热点领域。

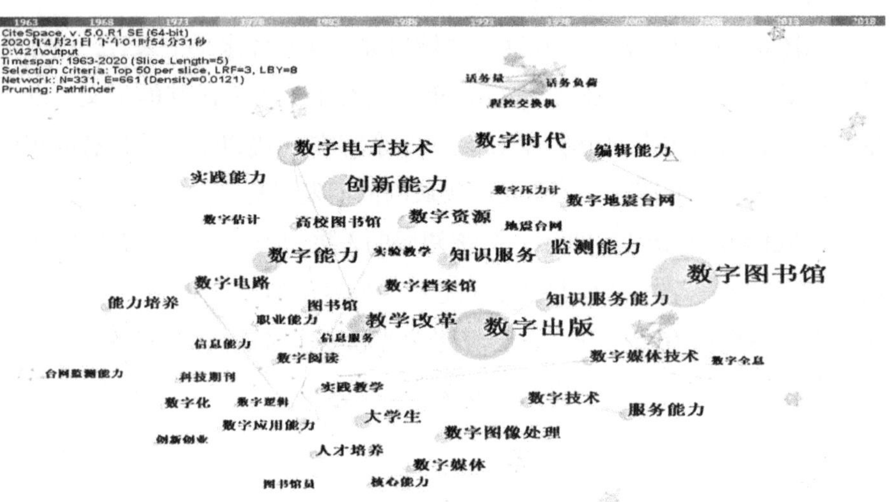

图 0–8　国内数字能力研究关键词共现图谱

从图0–8可以看出，出现频次前十的关键词分别是：数字图书馆、数字出版、创新能力、教学改革、数字电子技术、数字时代、监测能力、数字能力、知识服务和知识服务能力（见表0–3）。

表 0–3　国内数字能力研究关键词频次统计表

关键词	频次	首次出现时间	关键词	频次	首次出现时间
数字图书馆	41	2001	数字时代	19	2005
数字出版	39	2009	监测能力	18	2001
创新能力	26	2006	数字能力	17	2013
教学改革	20	2010	知识服务	14	2010
数字电子技术	20	1998	知识服务能力	12	2010

（3）国内数字能力研究的前沿

该领域的关键词突现图谱（图0–9）显示，2001年—2011年，关键词“检测能力”突现，持续突现的时间为11年，突现强度为4.59，2011年—2020年，“教学改革”这一关键词突现，突现强度为2.65，从2017年突现开始，一直持续到现在，将来还有可能持续突现。数字出版、数字媒体和数字能力这些关键词分别从2012年、2014年和2015年开始突现到如今，表明它们是该领域研究的热点和核心。

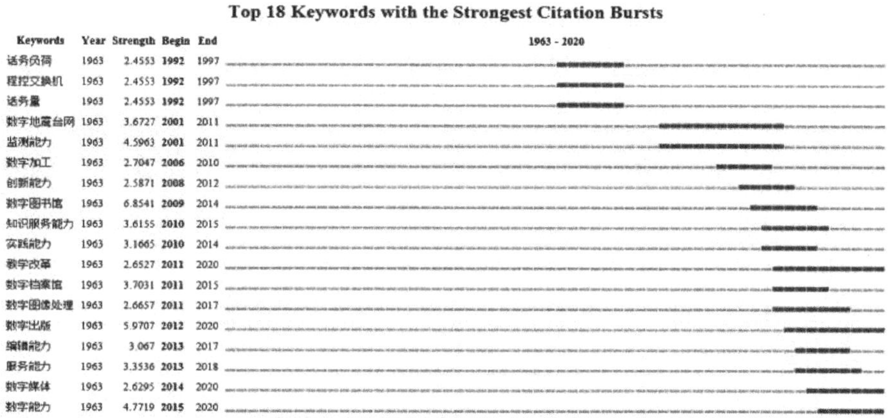

Top 18 Keywords with the Strongest Citation Bursts

Keywords	Year	Strength	Begin	End	1963 - 2020
话务负荷	1963	2.4553	**1992**	1997	
程控交换机	1963	2.4553	**1992**	1997	
话务量	1963	2.4553	**1992**	1997	
数字地震台网	1963	3.6727	**2001**	2011	
监测能力	1963	4.5963	**2001**	2011	
数字加工	1963	2.7047	**2006**	2010	
创新能力	1963	2.5871	**2008**	2012	
数字图书馆	1963	6.8541	**2009**	2014	
知识服务能力	1963	3.6155	**2010**	2015	
实践能力	1963	3.1665	**2010**	2014	
教学改革	1963	2.6527	**2011**	2020	
数字档案馆	1963	3.7031	**2011**	2015	
数字图像处理	1963	2.6657	**2011**	2017	
数字出版	1963	5.9707	**2012**	2020	
编辑能力	1963	3.067	**2013**	2017	
服务能力	1963	3.3536	**2013**	2018	
数字媒体	1963	2.6295	**2014**	2020	
数字能力	1963	4.7719	**2015**	2020	

图0–9 国内数字能力研究关键词突现图谱

总体来看，国内外数字能力研究呈上升趋势，年发文数量逐年递增，表明数字能力研究已经受到学术界的广泛关注。国内外数字能力研究的领域有所不同，国内数字能力研究领域相对集中，聚类不多，发文量后期变化不大，保持在60篇左右，当前的研究主要涉及数字图书馆、数字出版、档案馆及教学改革等领域；国外的数字能力研究领域较为广泛，聚类较多，发文量后期变化较大，2019年达178篇，当前的研究主要涉及数字素养“digital literacy”、数字能力“digital competence”、数字鸿沟“digital gap”、社交媒体“social media”、高等教育“higher education”、工业4.0“industry 4.0”、性别“gender”、信念“belief”、数字媒体“Digital media”等领域。美国和西班牙这两国在数字能力研究方面比较突出，特别是美国发文量达158篇，形成了以美国为中心的研究合作网络。这为教师数字能力标准的选择和国际中文教师数字能力研究提供参考。

（三）教师数字能力研究

1. 国外的教师数字能力研究

国外教师数字能力研究大多侧重教师的数字能力发展，主要包括教师数字能力培养、教师数字能力标准、教师数字能力框架或模型等方面的研究。在教师数字能力培养方面，教师数字能力培养研究涉及中小学教师、职业教师、高校教师数字能力培养或提升（Pianfetti，2001；Burnett，2011；Krumsvik，2008 、2011 、2012；Røkenes & Krumsvik，2014；Røkenes，2016；Instefjord & Munthe，2017；Gudmundsdottir & Hatlevik，2017；Gallego-Arrufat et al，2019；Artacho et al，2020；Mirete et al，2020），学科教师数字能力主要是英语教师数字能力方面的研究，如 Mourad B et al（2018）对墨西哥英语教师数字能力进行研究。在教师数字能力标准方面，教师数字能力标准研究重点探索如何设计量表来评价教师的数字能力（Hargittai，2005；Oakleaf，2009；Maderick et al，2015；Teo，2016）和教师数字能力标准制定方面。世界主要国家及有关国际组织，为了应对数字技术对教育发展带来的问题与挑战，培养适应数字社会发展的各类人才，纷纷制定了与教师数字能力有关的标准或框架，以期通过提升教师数字能力来应对挑战和培养人才。如欧洲教师数字能力标准框架、联合国教科文组织教师信息通信技术能力框架及美国、西班牙、加拿大、挪威、澳大利亚等国的教师数字能力标准。

2. 国内的教师数字能力研究

国内教师数字能力的研究可分为三个部分：早期的教师信息素养，数字时代的教师数字素养和数字能力研究。早期的教师信息素养研究较多，数字时代教师数字素养和数字能力研究较为薄弱。在中国知网上，以“信息素养+教师”、“数字素养+教师”和“数字能力或胜任力+教师”按篇名分别搜索其数量分别为1456篇、5篇和14篇①。

① 检索日期为2020年5月19日。

教师信息素养研究1456篇，其中期刊论文1272篇，硕士学位论文150篇、博士学位论文1篇、国内会议15篇，国外会议9篇，报纸6篇，其它3篇。本研究主要关注数字能力及与其密切相关的数字素养研究情况，对教师信息素养文献不做梳理。

教师数字素养研究4篇期刊论文和一篇硕士学位论文。从教师类型来看，4篇高校教师、1篇中小学教师；从主题来看，两篇关于教师数字素养评价，即高校教师数字素养评价指标构建研究（杨爽等，2019），中小学教师数字素养评价系统的设计与实现（王杰，2015），两篇关于教师数字素养策略，即智能时代开放大学教师数字素养及提升策略（佘雅斌等，2019），大数据时代高校教师数字素养发展策略研究（郝水侠等，2018）；一篇关于数字素养的SPOC混合教学模式中高校教师角色新定位（顾红霞等，2019）。

教师数字能力研究13篇期刊论文，1篇博士学位论文。从教师类型来看，1篇高校教师、4篇中小学教师、1篇高职教师、1篇中职教师，其他研究7篇。从主题来看，基于数字资源教学平台教师信息化教学能力提升（曹瑞霞，2019；刘亚玲，2019；秦晓洁，2020）；数字时代教师教学能力的标准框架和测量问卷研究（葛文双等，2017a、b）；教师对数字资源设计思维、设计能力及应用能力方面的研究（李为民，2017；尹睿等，2018；桂毅，2018）；学科数字能力方面的研究，如中学地理教师数字地图制图能力调查与影响因素分析（李仰征等，2017），声乐教师数字教学技术能力培养研究（张婷，2016）；对高职院校教师专业能力提升的研究与实践——以数字媒体专业为例（任曼曼，2015）；数字教材的技术接受度与教师TPACK能力的相关分析——基于结构方程模型的实证研究（尤佳鑫等，2014）；数字时代的知识和能力需求与教师教育变革探究——基于美国“面向21世纪能力合作”组织报告的研究（薛庆文，2012）；面向我国中小学教师的数字胜任力模型构建及现实应用（郑旭东，2019）。

在教师数字能力标准和模型方面，国内对教师数字能力标准和模型研究较为薄弱，目前我国已经开展了教师数字能力标准的相关研究，主要涉及师范生信息化教学能力标准、高校教师的数字素养评价指标、中小学教师数字胜任力（能力）模型及教育映射后的数字能力整合模型的具体框架等。

总体来看，国内教师数字能力研究处于起始阶段，国内教师数字能力的研究较为薄弱，研究主要集中教师信息素养相关领域，涉及教师数字能力研究不多，主要涉及教师数字资源设计和应用、数字能力评价、数字能力培养等领域，在教师数字能力课程研发、数字能力评价、数字能力框架、数字能力标准等方面研究不足，特别是学科教师数字能力研究很少，目前国内教师数字能力标准研究很少，我国尚未研制和发布关于教师数字胜任力的有关标准或文件（郑旭东，2019）。相比国内，国外教师数字能力研究相对国内起步早，国外教师数字能力研究成果较多，研究领域较广，主要涉及教师数字能力培养（包括职前教师、在职教师、教师教育者）、数字能力评价和数字能力标准等领域，国外特别重视教师数字能力标准的研究，并出台相关的政策和制度，消除“数字移民”与“数字原居民”之间数字鸿沟，分类较细（如欧盟教师数字能力标准框架分成六个维度，23个指标，每个指标又分为6个等级），发文量逐年增加，为我国教师数字能力发展研究提供借鉴和参考。但是国外对学科教师数字能力和不同学段的教师数字能力标准研究较少。

（四）国际中文教师数字能力研究

国际汉语教学领域的教师数字能力研究，早期主要围绕现代教育技术（数字能力的一部分），近些年来关于信息素养的研究逐渐多起来，这也是与国际中文教师数字能力相关的研究中最主要的两部分内容。关于现代教育技术的研究，主要涉及现代教育技术在对外汉语中的发展、应用、培训、融入策略、影响及作用等几个方面，现代教育技术在对外汉语中的发展方面的研究主要有（郑艳群，2001；郑艳群，2013；郑艳群，2017）；现代教育技术在对外汉语中的应用方面的研究主要有（张德鑫，2001；贾梦阳，2014；郑艳群，2014a；郑艳群，2014b；马建青，2015）；张洁等（2014）对国际汉语教师现代教育技术培训方面进行研究；雷婷（2016）

从现代教育技术融入对外汉语教学中的策略方面进行研究；郑艳群（2019）从现代教育技术对汉语教学的影响及作用方面进行研究。徐娟等（2006）是较早讨论对外汉语教师信息素养的文章，系统论述了对外汉语教师信息素养的内涵、评价体系与培养。近几年围绕国际汉语教师信息素养的研究逐渐多起来，研究内容也日渐丰富，主要涉及国际中文教师信息素养的内涵、模型、培养途径和方法、存在的主要问题及对策等（张羽洁，2019；林海燕等，2020；李宝贵，2020）。

国际中文教师数字能力研究正日益引起学界关注。陆俭明（2020）提出数字化时代的汉语二语教学与外语教学应注重运用数字化手段。袁萍等（2020a）对国际汉语教师数据素养研究现状及存在问题进行分析，从理论研究和应用研究两个方面对国际汉语教师数据素养研究发展趋势予以透视。袁萍等（2020b）对汉语国际教育专业留学生数字能力调查与培养进行了研究。郑艳群（2020）通过教学分析与教学计算两种方式探新大数据时代汉语教学研究方法。在《语言教学与研究》（2020）“新冠疫情下汉语国际教育挑战与对策大家谈（上）”专栏中，学者陈闻提出教师数字素养需要“迭代化”，面对不断升级换代的互联网技术，教师要主动更新自己的知识结构，提高数字素养，以适应线上教学。

总体来看，目前对国际中文教师数字能力研究很少，对国际中文教师数字能力研究成果少，研究较为薄弱。在数字化时代背景下，国际中文教育处于转型发展阶段，国际中文数字化教学是时代发展的需要，国际中文教师的数字能力直接影响国际中文教学的质量，同时也影响国际中文教师的自我发展和国际中文教育事业的国际化发展。国际中文教师数字能力培养现状如何？国际中文教师的数字能力水平如何？哪些因素影响国际中文教师数字能力发展？如何提升国际中文教师的数字能力？等等一系列问题，尚有待研究。国际中文教师数字能力标准模型研究有助于国际中文教师数字能力发展，为国际中文教师数字能力标准研究和评价体系构建提供借鉴和参考。

四、理论基础

在上述研究的基础上，查阅相关文献，并依据国际中文教育发展的要求，探究国际中文教师专业发展与数字能力发展相关理论。

（一）教师专业发展理论

教师职业发展阶段研究兴起于20世纪60年代末，教师专业发展理论随之诞生。20世纪80年代，我国学者开始关注教师专业发展理论的研究，对教师专业发展给出了不同的解释。如教师专业发展是教师个体不断接受新知、增长专业能力，从而实现专业进步，达到专业成熟境界的过程。朱旭东（2011）借鉴国内外教师专业发展理论研究的最新成果，研究我国教育教学现代化的实际问题和教师专业发展的实际诉求，构建教师专业发展理论体系，该体系包括教师信念理论、教师感情理论、教师知识理论、教师能力理论、教师教学专长理论、教师学习理论、教师反思理论、教师赋权增能理论、教师性别理论等。这些研究为教师专业发展奠定了理论基础。

1. 国际中文教师数字能力提出新的要求

依据教师专业发展理论，教师的专业发展随着社会发展及学习者的需求变化而发生变革，以适应社会发展的要求和学习者的需求。如今我们已经步入数字时代，人工智能、大数据、互联网+、数字经济、数字化产业、云课堂等新技术已经改变了我们生活环境和教育环境，线上教学或线上线下混合式教学是国际中文教学发展的趋势，这对国际中文教师的教学能力提出了新的要求，需要发展国际中文教师的数字能力，提升国际中文教师的数字能力同社会发展相适应。

2. 国际中文教师数字能力需要不断发展

教师专业发展是一个自主发展过程，教师根据专业发展的目标与规划，通过专业发展的活动和途径提高专业精神、专业知识、专业能力水平，更新教育观念，从一个成长阶段进入更高成长阶段的过程（钟祖荣，2006）。国际中文教师专业发展同样也是一个自主发展过程。数字时代，国际中文教育正面临着前所未有挑战和机遇，国际中文教学的内部环境和外部环境都发生了变化，目前是线上教学为主，未来将是线上和线下相结合的混合模式，这就需要国际中文教师有终身学习意识和能力，主动学习新知识、新技术，不断更新自己的教育观念、专业知识和能力结构，了解国际中文教育和学科发展的最新动态，发展自己的数字能力，以适应当前的数字化教学。

3. 互联网+教育视角下的教师专业发展

陈丽（2016）认为“互联网+教育”是指运用云计算、学习分析、物联网、人工智能、网络安全等新技术，跨越学校和班级的界限，面向学习者个体，提供优质、灵活、个性化教育的新型服务模式。教师专业发展是教师有意筹划的一种使自身潜能得到圆满发展

的活动，超脱于具有普适性的教师职业生存技能训练，指向具有个性化特征的“全人”潜能建构，包括教师在课堂技能、人性情感、伦理个性、师生交往等多维度和多层面上的发展（陈效飞等，2018）。国际中文教师数字能力发展需要将互联网+教育与教师专业发展理论有机结合起来，在互联网+教育视角下，基于教师专业发展理论发展国际中文教师的数字能力。

（二）整合技术的学科教学知识理论（简称TPACK）

Shulman（1986）提出了学科教学知识（Pedagogical content knowledge PCK），将教 学法知识与学科内容知识整合为一体。2006年，Mishra 和 Koehler 基于学科教学知识 理论，并引入技术知识，提出整合技术的学科教学知识（TechnologicalPedagogical And Content Knowledge，TPACK）理论，简称 TPACK 理论。

TPACK理论深刻地阐释了学科知识、教学法知识和技术知识之间的关系，将三者整合为一体并应用于教学，关注三者之间的交互性、整体性和融合性，为教育数字化提供理论指导，为教师专业发展开辟了新的道路。

TPACK理论的构成要素。TPACK理论共有7个要素，其中3个核心

要素（CK、PK、TK）和 4 个复合要素（PCK 、TCK 、TPK 、TPACK）（KOEHLER M J et al，2009）。详情见 图 0–10：

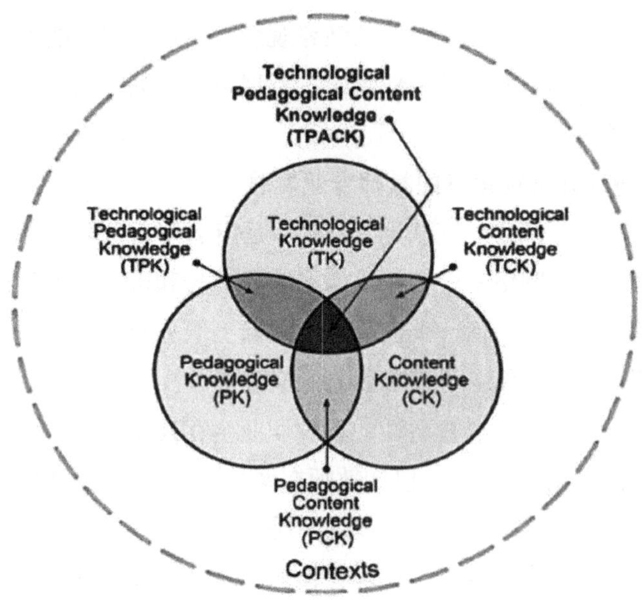

图 0–10　TPACK 模型（Mishra & Koehler，2006）

TPACK 理论通过对教学法知识、学科知识、技术知识关系的科学建构，改变了原有三者分离的认知形态，形成了一个综合性、动态性、境脉性、实践性的基于技术的教师新知识体系（吴焕庆等，2012）。TPACK 不仅仅是一种整合了技术的全新学科教师知识体系，还日益发展成为一种能将信息技术与各科教学过程整合的全新可操作模式，是“互联网+”时代实现教师技术类培训绩效提升的高效模式（刘世明等，2018）。利用 TPACK 理论将数字技术知识、教学法知识、学科知识融合的理念，构建国际中文教师数字能力标准框架时，可以将国际中文学科知识、中文教学法、学科知识与数字技术深度融合，将数字能力融入到国际中文教学的各个环节，提升国际中文教学数字化水平，加快国际中文数字化教学实践，促进国际中文教师数字能力的发展。

综上所述，国际中文教师数字能力是随着数字技术不断发展、动态变化的，需要教师专业发展理论给予指导，才能构建一个具有前瞻性、可持续发展国际中文教师数字能力标准框架。国际中文教师数字能力有其专业学科特性，需要将数字能力与学科特性有机融合才能体现国际中文教师数字能力的学科特点，而整合技术的学科教学知识理论就是强调将学科教学知识与技术有机融合，可以将国际中文教学的学科特点与数字能力有机融合，构建具有国际中文专业特点的教师数字能力标准框架。

第一章　国际中文教师数字能力的现实需求

本章主要通过数字技术对教育的挑战、教育数字化快速发展的要求、国际中文教师 数字能力培养现状以及国际中文教师数字能力现状等四个方面分析国际中文教师数字能 力的现实需求。

第一节　数字技术对教育的挑战

我国教育信息化2.0行动计划的基本目标是到2022年基本实现“三全两高一大”的发展目标[①]。数字时代，云计算、大数据、人工智能等新的数字技术加快了社会的变革，推动教育的改革，然而我们的教师和学生的数字能力培养较为滞后，不能很好适应数字化时代的发展要求，国民的数字能力培养和提升是当前教育的一个挑战。

一、教育本质与教育的发展

何为教育的本质是我们一直探索的问题，学者对教育的本质看法有所不同。如夸美纽斯的《大教学论》里提出教育与自然发展的规律相似；苏格拉底提出教育的本质是唤醒，是开发你的内心。我国关于教育本质广泛

① 教学应用覆盖全体教师、学习应用覆盖全体适龄学生、数字校园建设覆盖全体学校，信息化应用水平和师生信息素养普遍提高，建成“互联网+教育”大平台。

研究是从1978年开始的，学者主要就教育是上层建筑还是生产力进行激烈的讨论，最后大家统一到“教育是传递社会生活经验并培养人的社会活动”这样笼统的概念上来，顾明远（2018）从生命发展的视角来说，将教育的本质概括为“提高生命的质量和提升生命的价值”。随着社会的发展，教育本质的内容也随之发展，郑金洲（1996）在对教育本质探讨十七年的各种观点进行梳理后指出，人们对教育本质的认识是不断上升的，呈现出“模糊 —— 清楚 —— 再模糊 —— 更清楚”的螺旋前进趋势。

当前我们已进入数字时代，云计算、人工智能、大数据、5G移动互联网等已经改变了我们的社会生活，教育也要随之变革，从原始社会的个性化教育和农业社会的个性化农耕教育，到第一、第二次工业革命之后开始并延续至今的班级授课制标准化教育出现，经历了从思维本体论向生成本体论的转向（迟艳杰，2001）。教育即主题对客体知识的认识，认识外部世界，掌握客观知识，把人抽象化为认识知识的工具的纯粹理性认识，把教学存在理解为一种头脑中的认识的哲学观，被称为“思维本体论”的教育哲学观。而生成本体论认为教育的过程不仅是认识知识的过程，而且是创造自已的生命意义的过程。这种认为教育即师生共同创造生命意义的生活过程，而不是强调人和教育有预先存在的本质的本体论。王志军等（2019）提出联通是“互联网+教育”的本质，“联通主义”是“互联网+教育”的本体论。“互联网+教育”的本质是让每一个参与者或群体根据自己的学习目标，在网络上进行多种层次的教学交互，联通外部网络，并促进自身的网络建构和发展，建立动态信息网络。

二、教育中数字技术的价值

数字时代，随着云计算、大数据、人工智能、区块链等数字技术的广泛使用，数字技术正改变着人们的生产方式和生活方式，同时也改变着人们的思维习惯和学习方式，加速学校教育走向网络化、虚拟化和个性化的方向发展。面对快速发展的数字环境，学校如何适应新的数字教学环境，关系到教育能否跟上数字时代的发展步伐，关系到能否与世界先进教育理念的接轨。数字技术在带来颠覆性、丰富性新业态的同时，也让我们 对技术引导下的转变产生了深入思考。 具体到教育领域，数字技术将以何种形态、何种 方式、何种节奏影响教育的发展，正在成为全社会关注的问题，探究数字技术如何重塑 教育和如何规避可能带来的风险，意义重大（顾小清，2019）[①] 。

1.数字技术是教育创新发展的“引擎”

近年来，数字技术成为国家创新发展的动力，并成为经济全球化背景下国际竞争与人才培养的重点。各国都在制定发展战略，发展数字化产业、物联网产业、抢占5G移动互联网市场等，其根本是利用数字技术深化本国的产业结构。数字技术驱动的创新成为各国发展的重要动力源，给教育发展带来巨大的冲击。特别是疫情影响下，世界各国的教育模式发生了变化，很多国家教学模式由传统的线下教学转为线上教学，这给教育发展带来了一系列问题。例如是否具备线上教学的网络基础、是否具有适合线上教学的平台、教师是否具备线上教学的能力、如何让学生适应线上教学模式、教师如何实现与学生线上教学互动等一系列新问题，这一系列新问题的解决都离不开数字技术。因此，数字技术是教育创新发展的新动能，是加速教育创新发展的关键因素。

2.数字技术改变教育生态系统

（1）教学理念和方式的转变

传统的教学目标是基础的记忆、理解、应用，而高阶的分析评价创造培养较少，线上授课和线下面对面授课或者线上线下混合式教学，教学目标是发展高阶的分析、评价和创造能力（见图1–1），而不是基础的记忆、理解、应用（陈丽，2020）。教学的重点是如何通过教学活动发展学生的分析、评价和创造能力，要充分利用数字技术优势培养和发展学生的高阶能力。

① 光明日报，2019年8月6日。

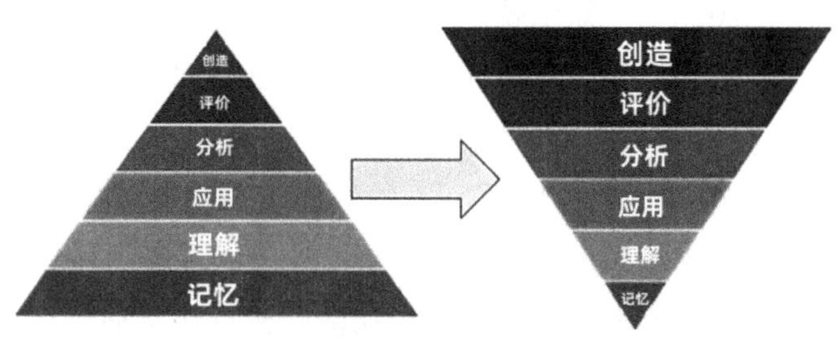

图 1-1　陈丽（2020）

（2）学生获取知识的渠道多元化

随着数字技术的快速发展，学生学习资源已变得丰富多样，学生获取知识的渠道已由过去从教师那里获得转变为学校资源、在线资源和社会资源等多渠道获取。教师不再是学生获取资源的唯一渠道（陈丽，2020）。学生可以根据自己的需要通过多种渠道获得知识，教师更多的职能将是整合和创造适合学生学习的多元化数字教学资源，帮助学生搭建更多、更好的学习平台，满足学生个性化的学习需求。

（3）教师教学职能的分化

随着线上教学和混合教学模式的发展，教师教学职能分工发生了变化。如河北衡水双师在线教学模式，对教师教学职能进行了分工，教师分为主讲教师和辅导教师，各自有各自的教学职责和教学任务。目前出现了专门服务线上教学的"在线学习服务师"，是指运用数字化教学平台，为学习者提供个性、精准、及时、有效的学习规划、学习指导、支持服务和评价反馈的人员。随着数字技术的发展，教学模式和学习方式会有所发展，教师教学的职能也会随之发生改变，分工也会变得多样化，以满足学习者不同的需求。

（4）知识生产方式发生变革

互联网对教育根本性的变革表现为知识生产方式发生变革。信息众筹改变了知识内涵和知识生产的方式，知识是教育传递的主要内容，互联网信息众筹这个特质改变了知识的内涵和知识生产的方式，这是教育的根本改变（陈丽，2020）。知识就是人类生产生活的智慧，教育是传播人类的智慧，教育在不同的时代传播的内容和方式是不同的。农耕时代我们是在生产实践中通过“师徒”方式来传播人类社会的生产实践，可以传播全部的智慧。人类有了文字符号，一部分人把他们的智慧抽象到文字符号当中，通过印刷术制成书本，有了文字符号和书本就可以大面积传播，后来有了学校这种组织形态，学校可以传播这些符号化了的知识，传播的内容一般都是审核过的知识内容，保证内容的科学性，有专门的老师进行传播，教师是知识的化身。互联网时代，每个人都有了自己的互联网终端，除了文字符号外，音视频在互联网上传播，所有人的经验都可以通过符号、音视频等方式传播，草根智慧贡献一些新东西、新智慧通过互联网的过滤、确认、综合展现、差异化，最后分享出高价值的知识信息（陈丽，2020）。互联网改变了人类知识创造的方式，互联网中很多经验都是动态变化的，不像书本知识是固定的，人类全部的智慧都可以通过互联网共享（见图1–2）。

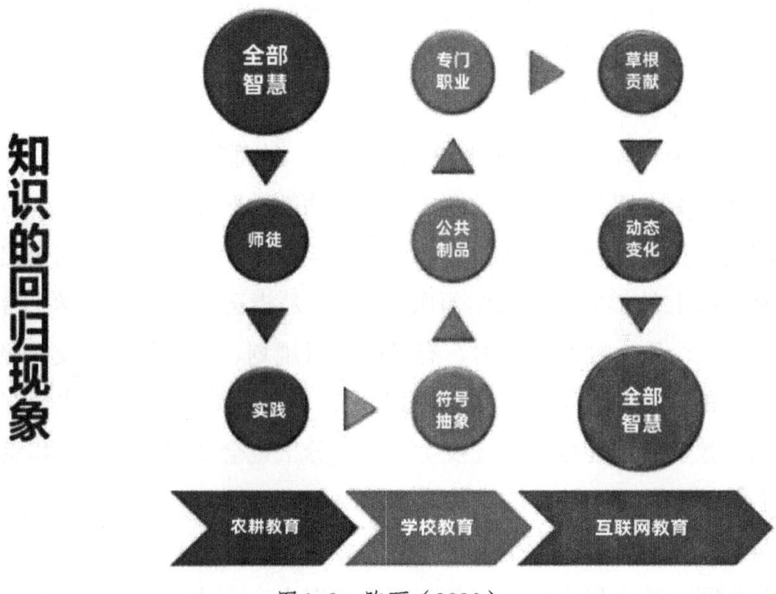

图1–2　陈丽（2020）

（5）教育空间发生了变化

潘云鹤（2018）提出三元空间，即物理空间（Physical space）、人类社会空间（Human society space）、信息空间（cyberspace），我们的世界正从原来的PH二元空间变成了一个CPH三元空间的构成（见图1-3）。互联网、人工智能、大数据等新数字技术推动了社会的变革，包括教育变革，特别是疫情影响，加快了教育的变革，教育由原来传统的二元教育空间发展为三元教育空间，“互联网+”成为教育的第三空间（陈丽，2020），互联网已不再是教育的辅助部分，不同于过去远程教育作为教育的通道，进行辅助教学，而是构建了教育的第三空间，把物理空间和人类社会空间连接起来。

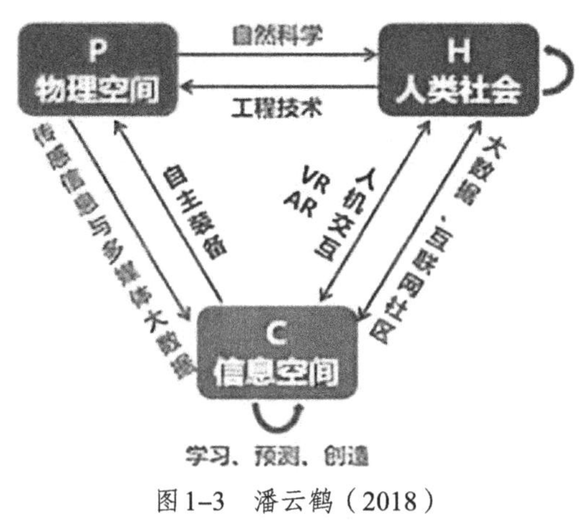

图1-3　潘云鹤（2018）

三、数字技术与教育的融合

2012教育部印发的《教育信息化十年发展规划（2011 — 2020年）》提出，2020年要全面完成《教育规划纲要》所提出的教育信息化目标任务，形成与国家教育现代化发展目标相适应的教育信息化体系，基本建成人人可享有优质教育资源的信息化学习环境，基本形成学习型社会的信息化支撑服务体系，基本实现所有地区和各级各类学校宽带网络的全面覆盖，信息技术与教育融合发展的水平显著提升。目前，我国已经构建了较为完善教育信息化体系和教育信息化基础设施。

数字技术与教育的融合有助于教育现代化发展。数字时代背景下，云计算、5G移动互联网技术、大数据、人工智能等为代表的高新数字技术与教育的融合将推动教育的发展，提升教育的现代化水平。《中国教育现代化2035》提出了推进教育现代化的十大战略任务，其中之一是加快信息化时代教育变革，推动教育组织形式和管理模式的变革创新，以信息化推进教育现代化。融合数字技术是教育发展变革的内在动力，也是教育创新发展的趋势。《教育信息化2.0行动计划》也强调推动信息技术与教育深度融合。谯小兵（2019）"互联网+"秉承开放、融合、共享、共生的理念，倡导一种跨界融合、创新驱动的技术实施路径，它需要技术与教育的融合，以实现技术推动教育变革的信息化发展内在要求。

第二节　教育数字化对教师数字能力的新要求

《教育信息化2.0行动计划》指出我国要积极推进"互联网+教育"，坚持信息技术与教育教学深度融合的核心理念，坚持应用驱动和机制创新的基本方针，建立健全教育信息化可持续发展机制，构建网络化、数字化、智能化、个性化、终身化的教育体系，推动我国教育信息化整体水平走在世界前列，真正走出一条中国特色的教育信息化发展路子①。我国教育数字化发展道路对教师数字能力提出了新要求。

一、教育数字化的发展阶段

党的十九大做出中国特色社会主义进入新时代的重大判断，开启了加快教育现代化、建设教育强国的新征程。新时代赋予教育信息化新的使

① 2018年4月13日教育部印发了《教育信息化2.0行动计划》。

命，也必然带动教育信息化从 1.0 时代进入 2.0 时代[①]。我国教育数字化与欧美等主要发达国家的数字化教育相比还有一定的差距，尚处于初级发展阶段，但我国几十年的教育信息化发展为我国教育数字化快速发展奠定了基础。

二、教育数字化发展新动向

《教育信息化2.0行动计划》的基本目标是到2022年基本实现“三全两高一大”的发展目标，推动从教育专用资源向教育大资源转变、从提升师生信息技术应用能力向全面提升其信息素养转变、从融合应用向创新发展转变，努力构建“互联网+”条件下的人才培养新模式、发展基于互联网的教育服务新模式、探索信息时代教育治理新模式。《中国教育现代化2035》提出了推进教育现代化的十大战略任务。其中，教育优质化、普及化、公平化、终身化和创新服务能力反映了教育现代化的主要内涵，教师队伍专业化、治理现代化、信息化、国际化是教育现代化的重要支撑。

人工智能已成为国际竞争的新焦点。人工智能是引领未来的战略性技术，世界主要发达国家把发展人工智能作为提升国家竞争力、维护国家安全的重大战略，加紧出台规划和政策，围绕核心技术、顶尖人才、标准规范等强化部署，力图在新一轮国际科技竞争中掌握主导权。我国已发布《新一代人工智能发展规划》，强调发展智能教育，主动应对新技术浪潮带来的新机遇和新挑战。

三、教育数字化与教师数字能力

1. 教育数字化要求教师具备基本的数字能力

教育数字化是教育未来发展的趋势。随着教育数字化的发展，教学环境、教学方式、教师的角色、教学组织、管理、评价等都发生了变化。如

① 2018 年 4 月 13 日教育部印发了《教育信息化 2.0 行动计划》。

数字资源的获取、管理、应用 和创造，利用人工智能、5G 移动互联网、虚拟现实等新技术创设数字教学环境，利用数 字技术和数字工具开展数字化教学活动等，教师作为教育活动设计者和实施者，如何适 应数字化教学，需要发展自身的数字能力，具备基本的数字能力。

2. 教育数字化要求教师具备专业相关的数字能力

不同的学科在教学内容、方式、方法和理念等方面存在一定的差异，这就要求教师不仅要具备基本的数字能力的同时，还需要具备专业相关的数字能力。如Instefjord & Munthe（2017）认为，教师专业数字能力要求具备为教育目的整合和使用数字技术的能力，以及拥有适合个人和专业所有情况的通用技能；Krumsvik（2014）认为，与其他职业或普通公民相比，教学专业中的数字能力更为复杂，因为其数字能力具有两个维度：首先是他们有效使用技术的能力，第二个方面是教学法，因为他们还必须同时"不断根据内容对教学法进行调整，重点放在如何利用信息通信技术扩大学生学科学习的广度"；Lund & Erikson（2016）指出专业数字能力（PDC）给教师带来了双重挑战，尽管他们像工程师、律师或护士等其他专业人员一样，需要熟练地使用数字技术来完成某些专业任务，但他们的主要挑战是如何培养学生的数字能力。而我国目前的教师数字能力标准或评价体系研究对专业相关的数字能力重视不够，对教师学科数字能力的内容涉及较少。

3. 我国教育数字化的快速发展与教师数字能力不足之间的矛盾

《教育信息化2.0行动计划》是推进"互联网+教育"的具体实施计划。人工智能、大数据、区块链等技术发展迅猛，将深刻改变人才需求和教育形态。世界主要发达国家开始着手教育数字化改革，以适应数字化社会的发展。如2018年，美国进一步发布了《数据科学战略计划》；2017年3月英国政府发布了《英国数字化战略》；2018年，法国发布了《法国人工智能发展战略》和《5G发展路线图》等。

教育数字化的快速发展与教师数字能力不足之间的矛盾凸显。伴随着科技的进步和大数据、人工智能等新技术在教育领域的介入程度不断加深，一方面是快速推动了教育的数字化进程，另一方面，也暴露了我国教育数字化发展的短板。如教师数字教学能力有待提升，数字技术与学科教学深度融合不够，教师的数字化教学创新能力不足，无法满足未来数字时代高端人才培养的要求，高端研究和实践人才依然短缺。目前大部分教师仅是了解教学相关的数字技术，具备一些基本的数字技术应用能力，满足在线教育的基本要求，但教师数字教学技术水平距数字化教学的要求还有较大的差距，还达不到熟练使用数字技术在互联网、虚拟空间开展数字化教学的要求，教师数字化教学技术水平不能满足数字化教学的需要。尽管我国经过多年的数字化教学实践，数字化教育得到了快速的发展，数字技术对教育的革命性影响已初步显现，但与新时代的要求仍存在较大差距，教师的数字能力培养需要加强，不管是职前教师还是在职教师都需要培养和发展其数字能力，教师队伍才能满足数字化人才培养的需求。

第三节 国际中文教师数字能力培养现状

汉语国际教育专业学位是与国际汉语教师职业相衔接的专业学位，主要培养具有熟练的以汉语作为第二语言或外语的教学技能、良好的中华文化传播技能和跨文化交际能力，以适应孔子学院和国际中文教育事业的发展，能胜任多种教学任务的高层次、应用型、复合型、国际化专门人才。汉语国际教育专业学位教育要符合日益提升的国际教学岗位要求，就必须与时俱进和高质量发展。本小节主要从汉语国际教育专业培养方案的目标要求、课程开设情况和国际中文教师标准及其相关研究对教师数字能力的要求三个方面分析国际中文教师数字能力的培养要求。

一、培养方案对数字能力培养的目标要求

1. 本科人才培养方案对其数字能力培养的目标要求

通过对比收集到的几所高校本科阶段的培养目标，发现很多本科专业

培养目标描述中涉及数字能力方面的要求很少。如某高校本科专业的培养目标是培养具有健全的人格、扎实的汉语言文字功底、较高的外语水平、良好的人文素养、开阔的国际视野，具有汉语国际教育跨文化交际能力，能够胜任汉语国际教育、中外文化交流和其他领域相关工作的复合型人才。

2.硕士人才培养方案对其数字能力培养的目标要求

通过对比收集到的几所高校硕士阶段的培养目标，发现很多硕士专业培养目标描述中基本都涉及数字能力方面的要求，如数字资源方面的能力、多媒体技术、网络技术、各种教学策略、跨文化交际能力、专业发展意识、终身学习等。如某高校硕士专业培养目标是：（1）热爱国际中文教育事业，具有奉献精神和开拓意识；（2）具有较好的汉语作为第二语言教学能力，能熟练运用现代教育技术手段进行线下和线上教学；（3）具备较好的中华文化理解力，具备良好的多元文化共存意识和中外文化融通的能力；（4）具有较强的跨文化交际能力；（5）具备基本的科研素养，能独立开展教学或学术研究。

3.博士人才培养方案对其数字能力培养的目标要求

通过对比收集到的几所高校博士阶段的培养目标，发现很多博士专业培养目标描述中也都涉及数字能力方面的要求，如运用现代教育技术服务教学的能力、跨文化交际能力、教学反思能力、参与本专业学术交流的能力、开展研究的能力、创新能力等。如某高校博士人才培养目标是：通过课程学习、教学实践和研究训练，培养具有系统扎实的专业理论知识与实际应用能力，具备较强的研究能力与教学能力，可以熟练应用现代教育技术，能流利地使用一种外语进行教学和交流，具备良好的中华文化素养和跨文化交际能力，能够胜任国际汉语教学与汉语国际传播工作的复合型高级专门人才。

从本、硕、博三个层级数字能力培养的目标要求来看，培养目标的描述中本科阶段数字能力要求最少，硕士阶段培养目标的描述中基本都涉及数字能力方面的要求，博士阶段培养目标的描述中也都涉及数字能力方面的要求。

二、数字能力课程开设情况

为了解国际中文教育专业本、硕、博人才培养数字能力的课程开设情况，本研究收集了5所高校国际中文教育本科专业人才培养方案、8所高校国际中文教育硕士专业人才培养方案和6所高校国际中文教育博士专业人才培养方案，根据各阶段培养方案的课程开设情况，分析国际中文教育专业数字能力的课程开设情况。

1. 国际中文教育本科专业数字能力课程的开设情况

本科阶段调查的5所高校都开设了数字能力相关的课程。如计算机相关课程、现代教育技术课程、统计学相关课程等，课程类型以必修课为主，个别高校还开设了选修课，各高校开设的学时和学分占比也有所不同（见表1–1）。这与何李（2019）闽南地区高校汉语国际教育本科专业人才培养方案比较研究结果基本一致，华侨大学、集美大学、厦门理工学院、泉州师范学院、闽南师范大学五所高校汉语国际教育本科专业都开设了计算机课程，课程类别为通识必修课，学分为5分或4分。

表1–1　国际中文教育专业本科人才培养数字能力相关课程统计表

学校名称	课程名称	课程类别	学时	学分
高校A1	计算机文化基础 计算机技术基础 现代教育技术 教育技术与语言教育	基本素养课 基本素养课 专业基础课 专业方向选修课	54 36 36 26	2 2 2 2
高校A2 高校A3 高校A4 高校A5	计算机应用基础 大学统计和统计软件及其应用 汉语现代教育技术 计算机应用基础 计算机信息技术基础及上机实践	通识必修课 选修课（二选一） 专业必修课 通识必修课 通识必修课	72 36 36 54 54	5 2 2 4 3

2. 国际中文教育硕士专业数字能力课程的开设情况

硕士阶段，调查的8所高校有一半以上开设了数字能力的相关课程，如计算机相关课程、现代教育技术课程、线上教学课程、统计学相关课程，课程类别有必修课，也有选修课，有1所高校开设了语言统计学专题讲座，不计学分，还2所高校没有开设相关课程（占比25%），各高校开设的课程类别、学时和学分占比也有所不同（见表1–2）。

表1–2 国际中文教育专业硕士人才培养数字能力相关课程统计表

学校名称	课程名称	课程类别	学时	学分
高校 B1	线上汉语教学	专业必修课	36	2
高校 B2	现代语言教育技术	专业必修课	32	2
高校 B3	国际汉语多媒体教学课件设计	选修课	16	1
高校 B4	计算机资源利用及课件制作	选修课	16	1
高校 B5	现代语言教育技术应用	选修课	16	1
高校 B6	语言统计学	专题讲座	不计学时	0
高校 B7	无	无	0	0
高校 B8	无	无	0	0

3.国际中文教育博士专业数字能力课程的开设情况

博士阶段，所调查的6所高校都没有开设数字能力相关的专业课程，仅有2所高校在开设的国际汉语研究方法课程中涉及统计分析工具使用方面的内容，课程类别为专业必修课，36学时，2学分，其余4所高校都没有开设数字能力相关的专业课程。

从本、硕、博三个层级开设数字能力相关的专业课程情况来看，数字能力相关的课程开设情况呈递减趋势。本科阶段基本都开设了计算机和现代教育技术相关的课程，开设的课程类别基本都是必修课程，学时和学分占比最高；硕士阶段大部分学校开设了数字能力相关的课程，开设的课程类别以选修课程为主，学时和学分的占比与本科阶段相比明显减少；博士阶段基本上没有开设数字能力的课程。

三、教师标准对教师数字能力的要求

《国际汉语教师标准》（2012）属于行业标准，规定了国际中文教师应具备的素质和能力，其中标准九是专门针对国际中文教师的信息素养。具体情况如下：

现代教育技术及运用：教师熟悉并掌握有关计算机的基本知识与操作方法，了解常用的现代化教学手段及网络技术，并能应用于汉语教学实践。

标准9.1教师应熟悉计算机的基本组成部件及相关电子设备，熟悉与汉语教学相关的常用计算机软件和多媒体教学设备，并能应用于实践。

基本概念范畴：

1.计算机基本组成部件

2.操作系统与基本操作命令

3.常用办公软件

4.相关电子设备

5.软件安装与卸载程序

6.计算机辅助教学

7.计算机病毒

8.课程管理系统

基本能力：

1.了解包括外接部件在内的计算机基本部件，并能根据相关参数大致判定其性能。

2.能以正确的操作命令使用计算机并指导学习者进行操作。

3.了解常见操作错误，并能进行相应的修复操作。

4.能自行安装或卸载各种常见软件。

5.熟悉并能熟练运用常见的办公软件完成教学资料的编写、制作。

6.熟练掌握至少一种汉字输入法。

7.能使用幻灯片演示软件制作和演示主要教学内容。

8.能根据教学目标、内容、对象、场景的不同，合理安排计算机辅助教学，能引导学生在中文操作系统下进行自学和互动。

9.了解计算机病毒，掌握基本的病毒预防、查杀方法。

10.能熟练使用所在地的课程管理系统。

标准9.2教师应了解并掌握基本的网络知识，并能合理利用各种网络资源服务于教学。

基本概念范畴：

1.互联网

2.下载、上传

3.浏览器、搜索引擎

4.网页、网址

5.个人主页、博客、告示板

6.电子邮件、论坛、聊天室

7.视频会议、远程教学

8.黑客、网络安全、防火墙

基本能力：

1.能熟练地使用计算机上网，搜集和使用互联网上的教学资源。

2.能自行下载和上传各种文件和汉语教学资料。

3.能建立个人主页或博客，以加强与学习者的沟通和交流。

4.能通过电子邮件、聊天室、视频等方式及时向学生传达信息及收集反馈。

5.了解常见的网络安全问题并能采取相应的措施①。

《国际汉语教师标准》（2012版）标准九对国际中文教师现代教育技术及其应用做出了较为详细的描述，要求国际中文教师要掌握计算机的基本知识和操作方法，熟悉与教学相关的计算机软件和多媒体技术，掌握基本的网络知识，并能合理利用各种网络资源服务于教学，但是这些要求仅能满足国际中文教师教学的基本需求。

此外，其他学者的研究也涉及国际中文教师数字能力方面。如郭睿

① 国家汉办/孔子学院总部编.国际汉语教师标准[M].外语教学与研究出版社，2012.21–22。

（2017）《国际汉语教师教学能力框架》在第三章汉语教学实施能力，第四点提到运用教育技术，其实就是运用现代教育技术进行演示。郑艳群（2012）《对外汉语教育技术概论》在梳理信息素养起源和发展的基础上，探讨了对外汉语教师具备信息素养的必要性及教师信息素养教育；郑艳群（2018）《汉语第二语言教学的教学资源研究》和《汉语第二语言教学的教学技术研究》从汉语作为第二语言教学的教学资源和技术角度研究汉语教学资源和技术方面所需要的知识和能力。

从上述研究可以看出，数字能力是国际中文教师必备的能力之一，《国际汉语教师标准》（2012版）、郭睿（2017）出版的《国际汉语教师教学能力框架》及郑艳群（2012，2018）出版的相关著作都涉及了国际中文教师数字能力的要求，但这些要求也仅仅将数字技术作为中文教学的辅助工具，这种要求已经不能满足国际中文教学的发展需求。随着互联网、人工智能等高新数字技术与国际中文教育的深度融合，加快了国际中文数字化教学发展的步伐，对国际中文教师数字能力提出了新的要求，数字技术要支持国际中文数字化教学的新方法、新理念和新模式。以上情况说明国际中文教师数字能力培养存在诸多问题，已经不能满足国际中文教师数字能力发展的要求。

第四节　国际中文教师数字能力现状调查

本次调查是构建国际中文教师数字能力标准模型的预调查，目的是初步了解国际中文教师数字能力现状和数字教学环境，分析中文教师数字能力需求，作为构建国际中文教师数字能力标准框架的基础。

一、研究方法

1.研究对象

本次调查的对象包括国内和国外从事国际中文教学的在职教师，通过问卷星发放问卷，共回收问卷206份，对雷同问卷、有规律填写和时间低于120秒的问卷进行清理，最终获得有效问卷205份，有效率99.5%，其中，国内中文教师115人，占比56.1%，海外本土中文教师90人，占比43.9%，分别来自美国、澳大利亚、印度、意大利、吉尔吉斯斯坦等22个国家，详情见表1–3。

表 1–3　调查对象基本信息统计表

类别		人数	占比		人数	占比
性别	男性	48	23.4%	女性	157	76.6%
学历	本科	38	18.5%	硕士	108	52.7%
	博士	59	28.8%			
年龄	90 后	88	42.9%	80 后	66	32.2%
	70 后	32	15.6%	50/60 后	19	9.3%
培训	参加相关课程培训	66	32.2%	没参加任何培训	40	19.5%

2.研究工具

本问卷设计主要参照欧盟数字能力框架（2017）和杨爽等（2019）提出的高校教师数字素养评价指标，并结合对部分教师的访谈，针对国际中文教育的特点进行改编而成。依据王佑镁等（2013），将国际中文教师数字能力分为数字知识、数字技能和数字态度三个维度。数字知识的指标设置主要参考王佑镁等（2013）提出的数字能力整合模型框架，分为数字能力相关政策、数字工具应用知识、数字环境的道德规范知识、与专业相关的数字知识四个方面；数字技能的指标设置主要参考欧盟教师数字能力框架（2017）的前五个维度和杨爽等（2019）的五个维度，分为数字技术使用、数字信息管理、数字内容创造、数字社群构建和数字安全五个方面；

数字态度的指标设置参考已有研究的分析框架，结合国际中文教师的具体情况，分为提升数字能力的行为倾向和数字环境中的法律道德意识两个方面。

问卷编制过程，依据国内外关于教师数字能力测试的有关研究成果，初拟题目，进行小范围试测，结合对部分被测教师的访谈，对问卷进行修订，最后形成正式问卷（见附录一）。问卷采用李克特五级量表，其中1代表完全不符合，2代表不太符合，3代表不确定，4代表符合，5代表完全符合，包括个人背景信息和国际中文教师数字能力现状调查两个部分。

3. 问卷信度检验

信度是指测验结果的可靠性和稳定性。采用克伦巴赫a系数作为信度检验标准，一般认为Cronbach's值>=0.70时，属于高信度。采用Jamovi数据统计分析软件对问卷进行可靠性检验，问卷总体a系数为0.85，各维度Cronbach's值均>0.70（见表1-4），属于高信度，因此该问卷信度良好。

表1-4 问卷信度信息表

维度		例子	信度系数
数字知识	数字能力相关政策	我了解关于教师数字能力发展的最新政策、准则。	0.84
	数字工具应用知识	我了解多媒体设备的硬件操作、软件安装基本知 识。	
	数字环境的道德规范知识	我了解使用数字资源时应遵守的道德和法律知识/规则。	
	与专业相关的数字知识	我了解数字阅读和数字写作知识。	
数字态度	提升数字能力的行为倾向	我会主动学习新技术提升自己的数字能力。	0.82
	数字环境中的法律道德意识	我认为任何形式的非法使用数字内容均应受到谴 责。	
数字技能	数字技术使用	我能够熟练使用常用数字办公软件完成工作任务。	0.72
	数字信息管理	我能够有效地组织搜集到的相关信息和数据。	

续表

维度		例子	信度系数
数字技能	数字内容创作	我能够运用数字化手段制作汉语教学的微课、MOOC 、PPT 等。	0.72
	数字社群建构	我知道社交网络和数字媒体交流渠道中访问的基 本规则。	
	数字安全	我能够在信息共享过程中保护自己的隐私安全。	

二、国际中文教师数字能力现状

1.数字能力总体情况

调查结果显示，国际中文教师能力三个维度中，数字态度得分最高，数字知识得分 最低（见表 1–5）。我们将数字知识、态度和技能三个维度得分均值与中间值 3（表示"不 确定"）进行对比，单样本 T 检验结果显示，研究参与者在数字态度（T=32.18，$p < 0.001$）、数字知识（T=8.47，$p < 0.001$）和数字技能（T=23.68，$p < 0.001$）上的得分均显著高于中间 值。

表 1–5　数字能力方面的均值

类别	N	均值	标准差
数字态度	205	4.13	0.50
数字技能	205	3.89	0.54
数字知识	205	3.38	0.65

单因素组内方差分析结果显示，研究参与者在数字技能、数字知识和数字态度三个维度上的得分具有显著差异（$F(2, 612)=102$，$p < 0.001$）。重复对比结果显示，数字态度与数字技能之间的得分差异显著（T=–4.74，$p < 0.001$）；数字技能与数字知识之间的得分差异显著（T=9.33，$p < 0.001$）；数字态度与数字知识的得分差异显著（T=14.07，$p < 0.001$）。

2. 数字态度

调查结果显示，国际中文教师数字态度的两个维度中，数字环境中的法律道德意识得分高于提升数字能力的行为倾向得分（见表1–6）。得分最高的两个题目都是关于数字环境中的法律道德意识的，即“我倡导安全、合法和负责任地使用信息和技术、尊重他人的知识产权”（M=4.58，SD=0.58），“我认为任何形式的非法使用数字内容均应受到谴责”（M=4.40，SD=0.77）；得分最低的是提升数字能力行为倾向方面的一个题目，即“我会主动利用信息技术资源扩充自己的知识”（M=3.53，SD=1.06）。

表 1–6　数字态度方面的均值

类别	N	均值	标准差
数字环境中的法律道德意识	205	4.27	0.54
提升数字能力的行为倾向	205	4.07	0.58

3. 数字知识

调查结果显示，国际中文教师数字知识的四个维度中，数字环境道德规范的知识得分最高；教师数字能力相关政策的得分最低（见表1–7）。得分最高和最低的题目都是关于数字工具的应用知识，得分最高的是“我了解多媒体设备的硬件操作软件安装基本知识”（M=4.06，SD=0.81），得分最低的是“我了解基础编程知识”（M=1.953，SD=1.10）。

表 1–7　数字知识方面的均值

类别	N	均值	标准差
数字环境的道德规范知识	205	4.07	0.87
专业相关的数字知识	205	4.01	0.82
数字工具应用知识	205	3.23	0.71
了解教师数字能力相关政策	205	2.92	1.16

4. 数字技能

调查结果显示，国际中文教师数字技能的五个维度中，数字技术使用能力得分最高，数字社群建构能力得分最低（见表1–8）。国际中文教师数字技能整体得分较高，但在些具体技能得分较低。如数字信息管理技能方面，“我能够运用常见数据分析软件（如Excel、Spss、R、Citespace、Python等）进行学术研究”（M=2.82，SD=1.05）；数字安全技能方面，“我能够通过数字化手段对自己创造的内容进行抄袭检测”（M=2.96，SD=1.17）。

表 1–8 数字技能方面的均值

类别	N	均值	标准差
数字技术使用技能	205	4.20	0.55
数字内容创作技能	205	3.94	0.66
数字信息管理技能	205	3.93	0.55
数字安全技能	205	3.73	0.62
数字社群建构技能	205	3.62	0.68

三、数字教学环境

《教育信息化2.0行动计划》提出要积极推进“互联网+教育”的发展，将教育信息化作为教育系统性变革的内生力量。“互联网+教育”的理念是为学习者提供优质、灵活、个性化教育的新型服务模式，是在线教育发展的新阶段（陈丽，2016）。“互联网+教育”改变了传统的教学环境，比如学习场所多元化，学习者既可以在学校教室接受线下教育，也可以在家或者有网络的地方接受线上教育，使得学习场所多元化；学习同伴随学习环境而变，在学校学习同伴是多人，在家里学习同伴就变为个体了，在学习同伴从多人转变为个体的情况下，更应强调学习者的自主学习，从心理认知角度，这可能有利于培养学习者的独立思考能力（余国志，2020）；评价方式发生了变化，在学校教师对学生的评价方式一般是传统的纸笔式评价，而线上教学评价方式变为伴随式评价。这些变化对教学环境提出了新要求，教学环境要具备基本的网络和数字设备的数字环境。国际中文教学的数字环境如何？我们从教师所在单位及中文教室的数字教学设备情况、教师常用教学设备、教师与同事和学生沟通的交流工具和教师经常制作的数字教学资源等四个方面了解国际中文教学的数字环境。

1.教师所在单位的数字教学设备情况

为了解国际中文教师所处的数字教学环境，对教师所在学校是否有智慧教室及所授课教室是否有多媒体设备或数字一体机情况进行了调查。结果发现，在205名调查者中，有107人所在学校建有智慧教室，占比52.1%，有98人所在学校没有智慧教室，占比47.9%；有165人所授课教室有多媒体设备或数字一体机，占比80.4%，有40人所授课教室没有多媒体设备或数字一体机，占比19.6%，这部分人大多是来在海外的欠发达国家和地区，他们所处的教学课堂缺乏数字教学设备。

2.教师使用教学设备辅助教学情况

为了解国际中文教师使用数字教学设备辅助教学情况，本研究设计了一道多选题，教师常用的教学设备有哪些。调查结果显示，使用最多的是多媒体设备，占比 97.1%，其次是数码设备，占比 59.5%，较少的是数字一体机，占比 22%（见图 1–4）。这表明国 际中文教学基本具备了数字教学的条件，基本使用一些基础的多媒体教学设备，但对新的智能教学设备应用到国际中文教学的较少。

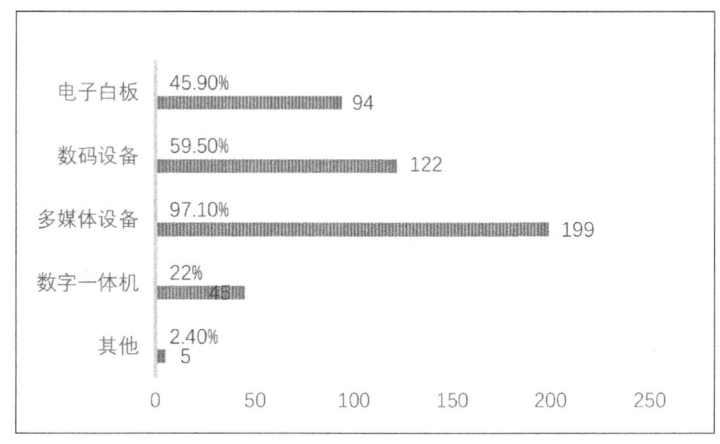

图 1–4　教师经常使用的教学设备

3.教师与同事和学生沟通的交流工具

国际中文教师常用的交流工具主要以传统的交流工具为主，使用最多的是微信，占比98%，其次是QQ，占比73.2%，对年轻人所常用的博客、微博、论坛等工具使用较少（见图1–5）。这表明国际中文教师与学生在交际中使用的工具存在差异，学生通过他们常用的交流平台传递他们声音，表达他们的思想，教师如果想深入了解学生的动态变化，更好地开展中文教学和文化传播，教师需要改变自己的交流方式，学会使用学生常用的交流工具和交流方式，融入学生的数字生活空间。

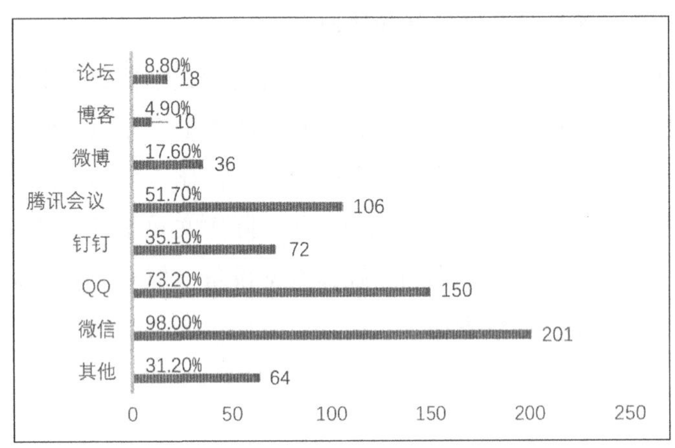

图1–5　教师经常使用的交流工具

4.教师经常制作的数字教学资源

通过对国际中文教师经常制作的数字教学资源调查，结果发现教师制作最多的是教学PPT，占比96.1%；其次是辅助教学的音频，占比77.1%；接下来是辅助教学的视频，占比72.7%。而线上教学常用的MOOC、微课等数字教学资源制作较少，占比分别为17.1%和29.3%（见图1–6）。这说明国际中文教师在数字教学资源制作以传统的线下教学数字资源为主，教师对传统线下教学所需的数字教学资源制作较多，线上教学所需的

MOOC、微课等数字教学资源制作较少，仍然以线下教学模式设计线上教学内容，把线下教学模式搬到线上进行教学，这显然不符合线上教学的特点，因此教师需要提高线上教学数字资源制作比重。

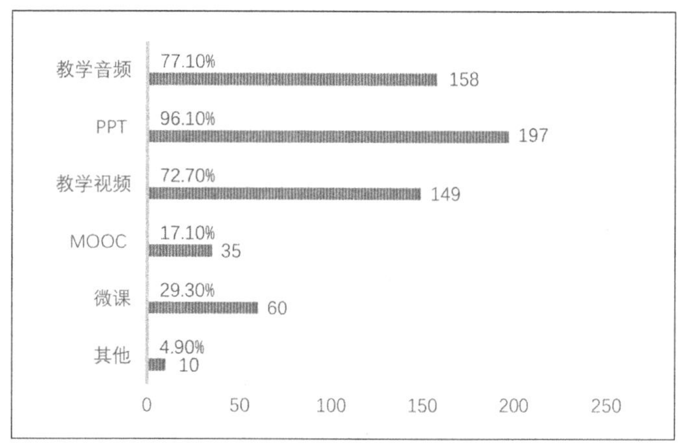

图1-6　教师经常制作的数字教学资源

四、结果分析

根据问卷调查结果分析，国际中文教师数字态度总体较好，对数字能力的态度是正向的、积极的；数字技能和数字知识呈现出各维度发展不均的态势，各维度之间的得分存在显著差异，数字知识和数字技能都存在需要提升的方面。

1.数字态度

研究参与者的数字态度均值最高，表明国际中文教师对数字安全、合法及非法行为有较强的道德法律意识，具有较强的主动学习意识，愿意接受新技术。总体来看，国际中文教师对数字能力的态度是正向的、积极的，这有益于提升国际中文教师数字能力。

2.数字知识

研究参与者的数字知识均值在三个维度中得分最低，表明国际中文教师数字知识有待进一步提升。数字知识四个维度发展不均衡，部分数字知识掌握较为薄弱。其中，对基本硬件和软件及数字道德法律知识等掌握较好，对编程知识和数字能力发展政策和准则知识掌握薄弱，与汉语教学紧密相关的数字阅读和数字写作知识掌握一般，说明国际中文教师需要全面掌握数字知识。

3.数字技能

研究参与者的数字技能均值在三个维度中得分居中，表明国际中文教师数字技能整体较好，但也需要进一步提升。数字技能五个维度发展不均衡，部分数字技能较为薄弱。其中，数字技术使用技能得分最高，得分最低的是数字社群建构技能。在数字技能的全部35个题目中，得分最低的是运用常见数据分析软件进行学术研究、运用数字化手段查重和在线监管互动信息3个题目，表明国际中文教师在这些方面的能力相对较弱。

4.数字教学环境

从调查的结果来看，整体来说国际中文教师数字教学环境较好，大部分汉语教学课堂具备数字化教学硬件条件，但也存在一些问题。第一，国内外国际中文教学数字环境存在差异，国内和一些发达国家中文教学数字环境较好，一些欠发达国家和地区中文教学数字环境较差，有些地方学生家里没有网络或数字学习设备导致中文学习中断。第二，中文教室的智能数字教学设备较少，这些都是一些基础的数字设备，新的智能设备应用到中文教学课堂较少。第三，国际中文教师对年轻人使用的交流工具和方式，教师需要改变一下与学生的交流方式，用学生常用的交流工具与学生交流，这样容易融入学生的数字空间。第四，教师中文教学所制作的数字资源对线上教学的针对性不高，现在国际中文教学已经转为线上教学，需要制作适合线上教学的数字资源（如微课、MOOC）。

本章小结

本章通过数字技术对教育的挑战、教育数字化快速发展的要求、国际中文教师数字能力培养现状及国际中文教师数字能力现状等四个方面研究国际中文教师数字能力的现实需求。首先，数字技术对教育的挑战。数字技术改变了教育的本质，数字技术对教育改革具有重要的应用价值，数字技术是教育创新发展的“引擎”，数字技术正在改变我们的教育生态系统，数字技术与教育的融合有助于教育现代化发展。其次，数字技术是教育数字化快速发展的要求。通过分析教育数字化与教师数字能力的关系，教师数字能力是教育数字化发展的关键能力，也是培养社会数字公民的关键能力。然而，目前大部分教师仅具备一些基本的数字技术应用能力，满足在线教育的基本要求，但教师数字教学技术水平距数字化教学的要求还有较大的差距，还达不到熟练使用数字技术在互联网、虚拟空间开展数字化教学的要求，教师数字化教学技术水平不能满足数字化教学的需要。第三，从汉语国际教育专业培养方案的目标要求、课程开设情况和国际中文教师标准及其相关研究对教师数字能力的要求三个方面分析国际中文教师数字能力培养现状，研究发现：汉语国际专业培养方案存在数字能力课程设置不合理；缺乏针对国际中文专业的数字能力课程；本、硕、博三个层次对国际中文教师数字能力培养缺乏系统性和层级性。第四，通过调查问卷初步了解国际中文教师数字能力现状和数字教学环境，为进一步分析和构建国际中文教师数字能力标准模型奠定基础。问卷调查结果发现：国际中文教师数字态度总体较好，对数字能力的态度是正向的、积极的；数字技能和数字知识呈现出各维度发展不均的态势，各维度之间的得分存在显著差异，数字知识和数字技能都存在需要提升的方面。

第二章　初步构建国际中文教师数字能力标准模型的指标

国际中文教师数字能力标准模型指标的构建是本研究的重要环节。分析国内外教师数字能力标准和模型的指标及其描述，为初步构建国际中文教师数字能力标准模型提供借鉴和参考。基于教师专业发展理论和TPACK理论的指导，整理国内外教师数字能力标准的一级和二级指标，采用词频统计软件统计这些标准或框架一级和二级指标的频次，分析国内外教师数字能力标准或框架所共同关注的指标，结合国际中文教育的学科特点，初步构建国际中文教师数字能力标准模型的指标。

第一节　国内外主要的教师数字能力标准和模型

数字化时代背景下，数字技术的快速发展加快了教育的变革，给教育发展带来了诸多问题和挑战，为了应对这些问题与挑战，世界主要国家及有关国际组织纷纷制定了教师数字能力的标准或框架。通过梳理国内外主要的教师数字能力标准或模型，找出已有框架可供国际中文教师数字能力框架借鉴的地方，作为构建中文教师数字能力框架的一个基础。

一、国外教师数字能力标准的构成要素

教师数字能力标准研究已经受到世界各国的关注，国外主要的国际组织和国家构建了教师数字能力标准和模型，本研究选取了具有代表性的国际组织和国家制定的教师数字能力标准和模型进行分析，了解这些标准和模型对教师数字能力的构成要素，为构建国际中文教师数字能力标准模型奠定基础。

1. 欧盟教师数字能力（DigCompEdu）框架

为了更好地理解教师需要发展的数字能力，以便在教育中有意义地整合数字技术，并支持学生获得的数字能力，欧洲联盟委员会联合研究中心出版了欧洲教育工作者数字能力框架（DigCompEdu），重点是突出教师行业特有的数字能力（Redecker，2017年）。欧盟数字能力标准框架是目前影响欧洲乃至世界的教师数字能力标准，它是面向各级教育的教育工作者，从幼儿到高等教育和成人教育，包括普通教育和职业教育、特殊教育和非正规教育等，为欧盟国家和区域机构、教育组织及公共或私营专业培训等提供的参考标准。欧盟教师数字能力框架由教育者专业数字能力、教育者数字教学能力　（数字资源、教学和学习、评价、赋能学习者）和促进学习者的数字能力三部分组成，共有6个一级指标，23个二级指标，分A1、A2、B1、B2、C1、C2六个等级水平，详细说明了教育工作者需要具备的数字能力（European Commission，2017）。该框架有助于教育创新和教师专业发展（见图2-1）。

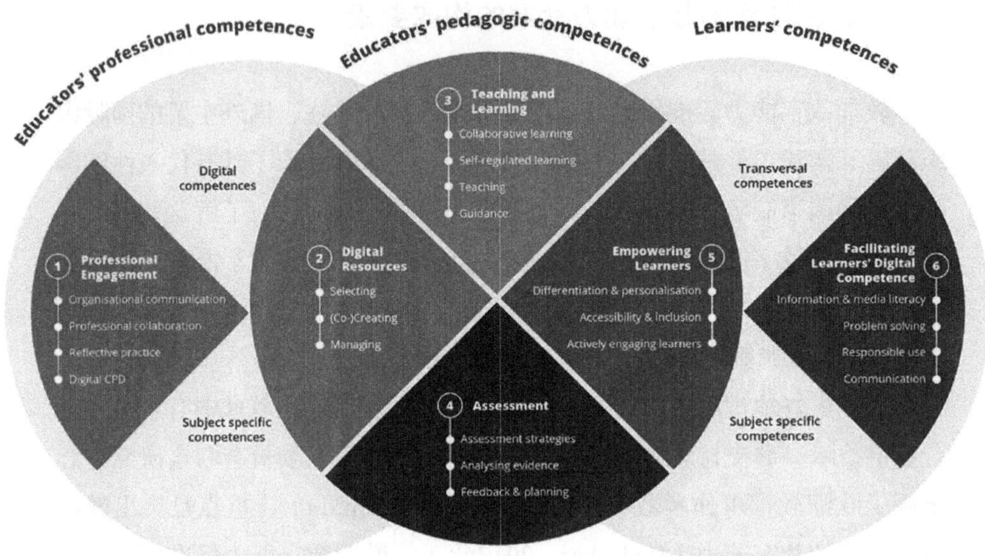

图 2–1 欧盟教师数字能力框架（Vuorikari 等，2017）

2.联合国教科文组织教师信息通信技术能力框架

联合国教科文组织在2008年制定了《教师ICT能力标准》，2011年发布了《教师ICT胜任力框架》，从理解教育中的信息通信技术、课程与评估、教学法、信息通信技术、组织与管理、教师专业学习六个维度构建教师信息通信技术能力标准。2018年，联合国教科文组织又在2011年模型的基础上，从知识获取、知识深化和知识创造三个阶段构建教师信息通信技术标准。“知识获取”阶段被描述为教师获取有关使用技术和基本信息通信技术能力的知识，而“知识深化”阶段则是教师获取使他们能够促进学习环境的信息通信技术能力。本质上以学生为中心，协作与合作。在“知识创造”阶段则是教师获得能力以鼓励他们建立良好的榜样，并建立学习环境，以鼓励学生创造和谐、充实和繁荣的社会所需要的新知识。基于它所描述的教师工作的六个方面专业的实践，该框架概述了这六个方面与模型中三个阶段结合所产生的18个不同“模块”（见图2–2）。该框架为世界各国制定教师信息通信技术能力标准提供参考和借鉴。

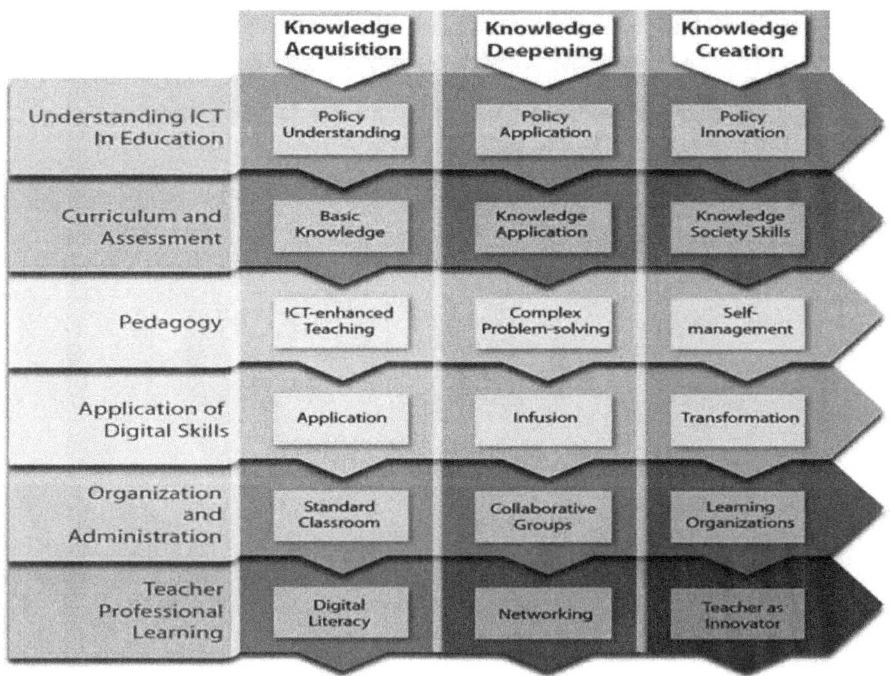

图2–2　教科文组织教师信息通信技术能力框架（UNSECO，2018年）

3. 西班牙教师数字能力标准

2017年，西班牙教育部通过国家教育技术和教师培训部门发布了《教师通用数字能力框架》。西班牙在数字能力研究方面具有世界领先水平，西班牙政府十分重视教师数字能力培养，参照欧盟数字能力框架，从信息与数据素养、沟通与协作、数字内容创作、安全、解决问题等五个维度构建了本国教师数字能力标准（见图2–3）。

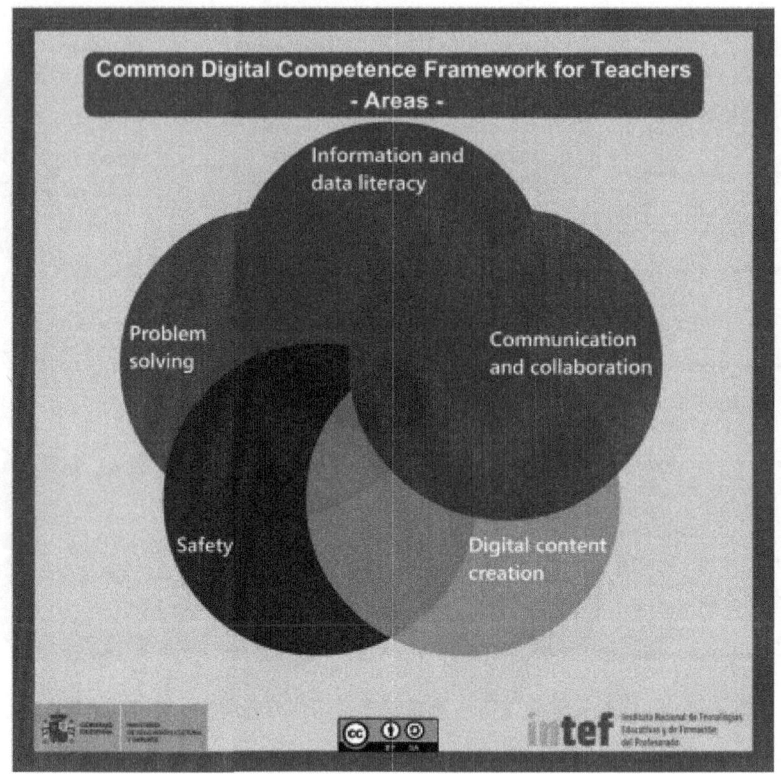

图 2-3　西班牙教师专业数字能力标准

4.挪威教师专业数字能力框架

2017年，挪威信息和通信技术教育中心发布了关于《教师专业数字能力框架》报告[①]。该框架从学科与基本能力、社会中的学校、伦理、教学法与学科教学、学习中的领导力、互动与交流、变革与发展等七个维度构建了本国教师专业数字能力框架（见图2-4）。

① Kelentrić M，Helland K. Professional Digital Competence Framework for Teachers.The Norwegian Cent-re for ICT in Education [EB/OL].

https：//iktsenteret.no/sites/iktsenteret.no/files/attachments/pfdk_framework_en_low.pdf.

图 2-4　挪威教师专业数字能力框架

5. 加拿大魁北克教师数字能力标准框架

该框架是加拿大魁北克省政府于2018年5月30日公布的“教育和高等教育数字行动计划”（DAP）的一部分，将于2023年完成。该计划促进有效整合和利用数字技术的愿景，以促进所有魁北克人的成功，以促进终身技能的发展和维护。该框架从技术技能、学习的数字资源、信息素养、协作、通信、数字内容创作、包容性和多样化需求、个人和专业赋权、解决问题、批判性思维、数字道德公民、创新和创造力等十二个维度构建了本国教师数字能力标准框架（DIGITAL COMPETENCY FRAMEWORK，Quebec，2019）。详情见图2-5：

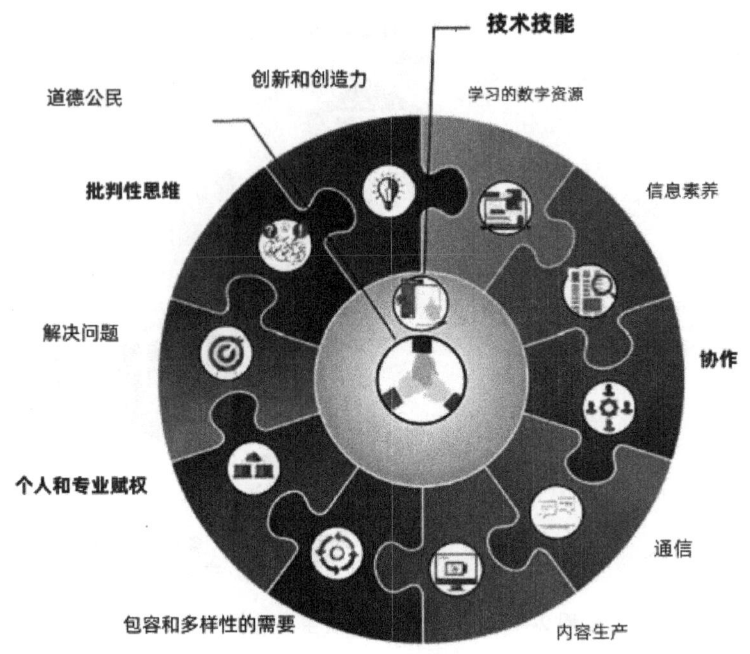

图 2-5 加拿大魁北克教师数字能力标准框架

6. 澳大利亚国家教师专业标准

澳大利亚于20世纪90年代开始着力推进教师专业能力发展，制定了《国家初任教师能力框架》（刘敏，2016）。澳大利亚十分重视教师专业能力发展，在2003年和2011年分别发布了《国家教学专业标准框架》、《澳大利亚国家教师专业标准》。2017年澳大利亚新南威尔士州发布了《数字素养技能和学习报告》①，内容主要包括了解学生以及他们如何学习、了解所教内容以及如何去教授、计划和实施有效的教学和学习、创建和维持安全且支持性的学习环境、评估反馈和汇报学生的学习情况、参与专业学习、与同事、家长、监护人和社区人员进行专业的互动交流七个方面，并基于这七个方面构建了本国的教师专业标准。

7. 美国国家教师教育技术标准

美国国际教育技术协会于2017年发布《美国国家教师教育技术标

① NSW Education Standards Authority. Digital Literacy Skills and Learning Report [EB/OL]. http//：www.educationstandards.nsw.edu.au.

准》。该标准包括赋能专业发展（Empowered Professional）和促进学生发展（Learning Catalyst）两个层面，教师主要承担学习者（learner）、领导者（leader）、公民（citizen）、协作者（collaborator）、设计者（designer）、促进者（facilitator）和分析者（analyst）等角色职能。

二、国内教师数字能力标准的构成要素

我国目前已经开展了教师数字能力标准的相关研究，主要涉及师范生信息化教学能力标准、高校教师的数字素养评价指标等方面的研究。

1. 师范生信息化教学能力标准

2014年5月，我国教育部办公厅印发了《中小学信息技术应用能力标准（试行）》（简称为“试行标准”）。“试行标准”旨在“提升我国中小学教师信息技术应用能力，促进信息技术与教育教学深度融合”[①]。师范生信息化教学能力标准基于“试行标准”，在“试行标准”的基础上对师范生信息化能力标准进行补充和修订，从基础技术素养（意识态度、技术环境、信息责任）、技术支持学习（自主学习、交流协作、研究创新）、技术支持教学（资源准备、过程设计、实践储备）三个方面制定了师范生信息化教学能力标准。

2. 高校教师数字素养评价指标体系

杨爽（2019）依据国内外教师数字素养评价指标体系对比分析，结合国内高校教师数字素养的需求，从数字技术使用（数字办公软件使用能力、数字教学软件使用能力、电子邮件使用能力、社交媒体使用能力）、数字信息管理（信息检索能力、信息评价能力、信息组织能力、信息共享能力）、数字内容创造（数字教学内容、数字办公内容、个性化内容）、数字社群构建（信息沟通能力、任务协作能力、问题解决能力）、数字安全能力（抄袭检测能力、数字公民能力、数据安全能力、隐私安全能力）五个维度构建我国高校教师数字素养评价指标体系。

① 教育部教育部办公厅关于印发《中小学教师信息技术应用能力标准（试行）》的通知[EB/OL]. http：//old.moe.gov.cn/publicfiles/business/htmlfiles/moe/s6991/201406/170123.html.

三、国内外教师数字能力模型的相关研究

（一）国外教师数字能力模型的相关研究

在教师数字能力框架或模型方面，国外学者对教师数字能力模型的研究较多，教师数字能力模型的研究建为教师教育数字能力方案的设计提供信息，并得到实证研究的大力支持。

1.教师教育工作者的数字能力模型

从数字技能（Basic digital skills）、通讯信技术能力（Didactic ICT-competence）、学习策略（Learning strategies）三个水平由低到高建构教师教育工作者的数字能力模型（Krumsvik，2012；Krumsvik et al，2012）。Krumsvik（2008，2014）的数字能力模型（见图2–6）反映了数字能力的发展过程，在此过程中，技术能力会影响教学能力和有效学习策略能力。在此模型中，数字教育（digital education）是最高水平的能力，数字教育被描述为：数字教育重点关注社会数字化如何影响学生的参与，不同社区的多元成员身份以及数字时代的身份发展，技术在人类发展中的作用的道德进行反思。在学校环境中，教师和学生要有批判性使用资源方面的能力，以及对处于数字化社会和学校中对社会的影响的道德意识（Krumsvik，2008）。综上所述，该模型基于理论的语义概念，这意味着它不能直接对应现实，但它受到实践的启发，旨在抽象地理解教师教育中的数字能力。

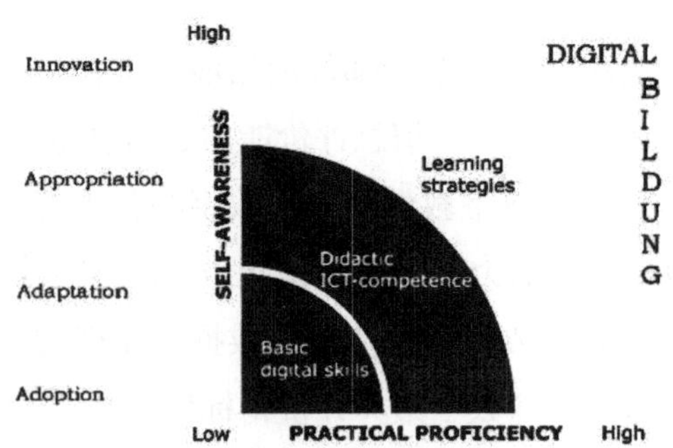

Figure 1. Teacher educators' digital competence (Krumsvik, 2007; Krumsvik, 2012, Krumsvik et al., 2012).

图 2–6 教师教育工作者的数字能力模型

2. 教师数字能力的综合模型 –PEAT模型

该模型由四部分组成（见图2–7），包含技术技能、教学技能、网络道德和态度。

该模型囊括了人们期望教师教育所必须具备的必要技术能力和教学能力，重要的是还包括道德方面。在道德方面不仅包括ICT使用中的个人道德实践，而且还包括对数字技术使用带来更广泛的道德问题。

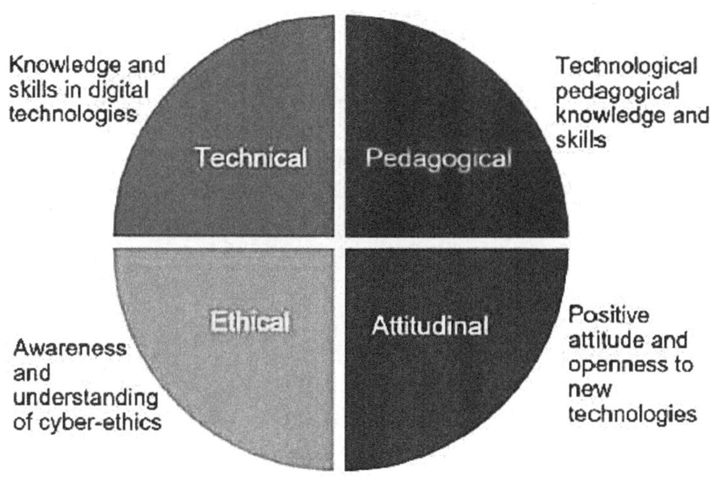

图2–7　教师数字能力的综合模型–PEAT模型

3. 教师数字能力的 SAMR 模型

教师数字能力的SAMR模型（替代substitution，扩充augmentation，修改modification，重新定义redefinition，简称为SAMR）。该模型本质上是一个描述性框架，根据层次或阶段映射了不同的教育用途，而替代是基于传统的"数字化"通过使用常规资源进行得到重新定义（通过数字技术重新概念化的课程，教学法和实践）。SAMR已被教师教育者和学校广泛采用，作为路标ICT发展进展的实用指南，因为它们致力于通过技术来重新定义课程的乌托邦地位（Hilton，2016）。根据Puentedura（2006）的观点，在重新定义阶段，"技术允许创建以前难以想象的新任务"，他声称这些任务与更高层次的思维能力（例如分析，评估）相符。在替代阶段，

“技术可以直接替代工具，而不会发生功能变化”，Puentedura将其与低阶思维能力（例如理解和记忆）保持一致。扩展和修改阶段代表了替换和重新定义之间的中间步骤，描述了使用技术促进学习设计和教学法变化的复杂性和复杂性，逐步支持更高水平的课程创新（图2–8）。

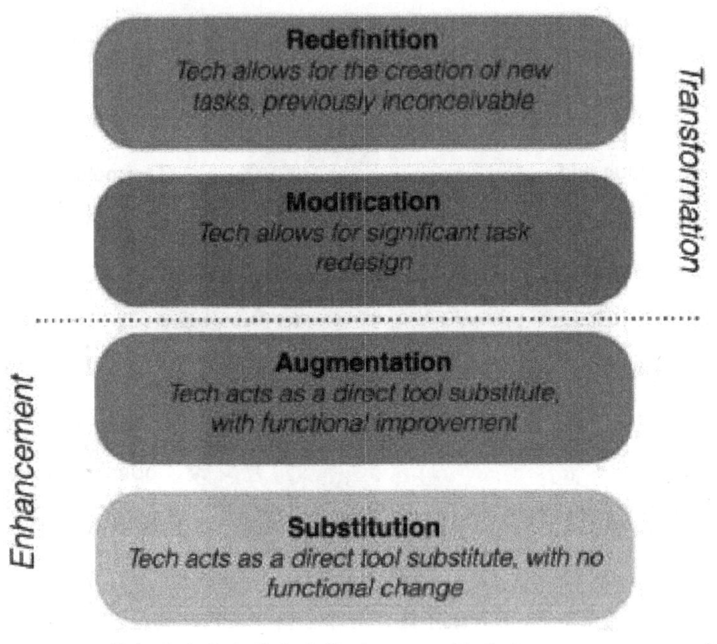

图 2–8　教师数字能力的综合模型 SAMR 模型（Puentedura，2006）

4.数字能力要素模型

Janssenet al.（2013）研究提供了关于更全面的数字能力要素框架。他们对95名专家进行了调查，这些专家包括来自学术界、教育和培训领域、政府以及IT商业部门的代表，提炼出12个必不可少的、基础广泛的要素。每个要素都是构建教师整体数字能力的基石。他们将这12个要素组织成一个模型，展示了各个元素如何协同工作，产生了无缝使用，展现了自我效能感（见图0–18）。该模型的核心能力包括数字技术的功能性，集成性和专业性用途，并通过改善网络（技术指导的通信和协作）和信息管理（访问和使用数字信息）的能力而得到增强。与他们并行的其它要素是支持能力。这些能力在图2–9中用紫色和灰色的垂直柱表示，即理解法律和道德上的考虑、个人和社会的影响和效果、以及诸如保持对技术创新的平衡和客观态度、以及愿意探索新兴技术的潜力、以谋取个人和专业发展的性格等要素。随着数字技术的发展，个人思考和日常活动各个方面的集成度不断提高，有助于人们进一步了解数字技术对社会发展的作用，以及如何充分利用数字技术实现个人和专业发展。

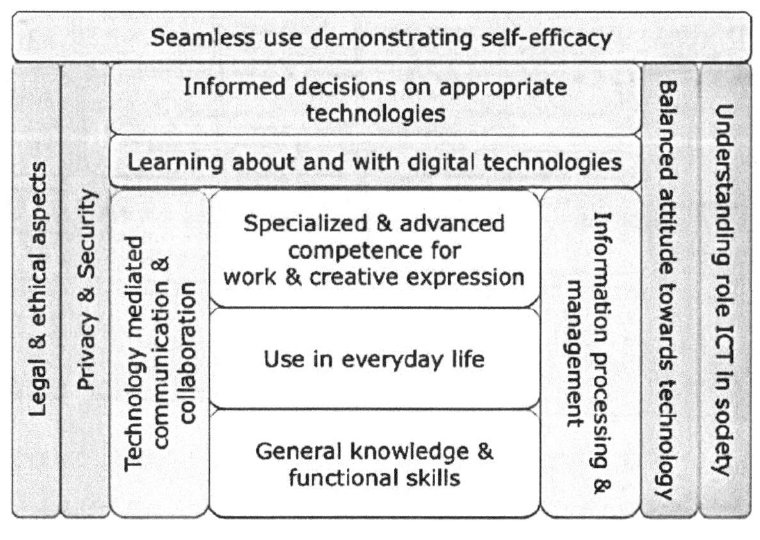

图 2–9　数字能力要素模型（Janssen et al. 2013）

（二）国内教师数字能力模型研究

国内学界开始关注教师数字能力模型构建研究，部分学者已经对教师数字能力模型进行了相关研究，但目前研究的数量较少。

1. 教育映射后的数字能力整合模型的具体框架

王佑镁（2013a）认为数字能力的概念框架为教育领域的学习目标重构提供了依据，但如何成为指导信息技术教育教学中的指南，还需要建立起数字能力构成要素到教育目标体系的映射，从而建立起该操作模型。她在梳理前人研究的数字能力模型基础上，充分整合数字能力相关的结构模型，从工具性知识与技能、高级知识与技能、应用态度三个方面构建了教育映射后的数字能力整合模型的具体框架（见图 2-10）。

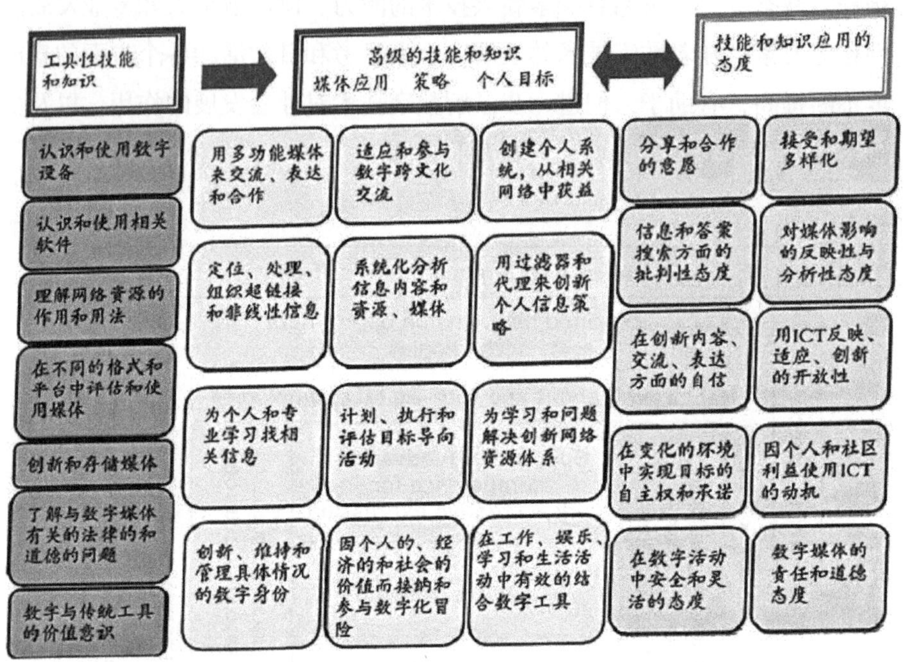

图 2-10 教育映射后的数字能力整合模型的具体框架（王佑镁，2013a）

2. 中小学教师数字胜任力（能力）模型

郑旭东（2019）在分析比较国内外教师数字能力标准的基础上，从数字技术能力、数字教学能力、数字学习与创新、数字价值与追求、基本人格特质五个维度构建我国中小学教师数字胜任力模型（见图 2-11）。

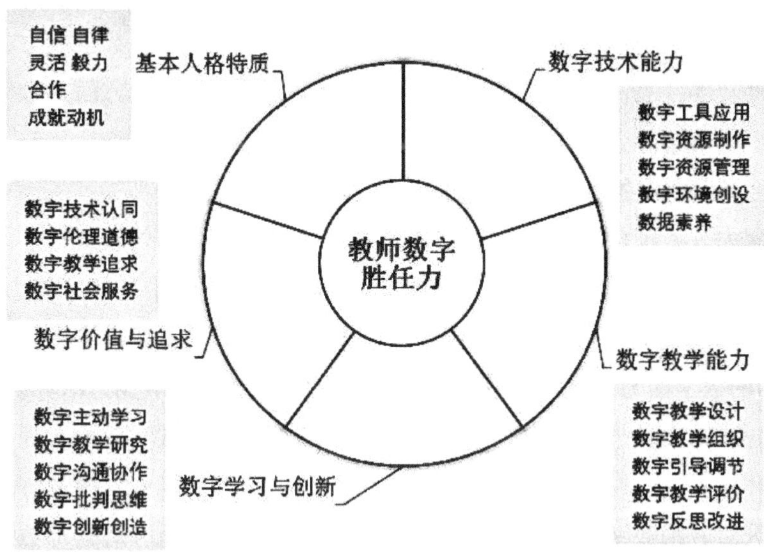

图2-11　中小学教师数字胜任力（能力）模型

四、国际中文教师数字能力标准模型的借鉴之处

1.借鉴国内外教师数字能力标准和模型的构成要素及其描述

世界主要国家和组织机构都制定了教师数字能力标准或框架，我国也对教师数字能力标准进行了一些研究，通过梳理国内外教师数字能力标准及框架，了解国内外教师数字能力的构成要素及其描述，分析国内外教师数字能力标准关注的数字能力，为抽取国际中文教师基本数字能力奠定基础，这为构建国际中文教师数字能力标准模型的构成要素及其描述具有重要的参考和借鉴。

2.关注教师专业数字能力

国内外教师数字能力标准在教师专业数字能力重视程度存在差异。国外的教师数字能力标准或框架一般比较重视教师专业数字能力。如挪威教师专业数字能力框架五个一级指标，其中两个指标和学科有关，即学科与基本能力和教学法与学科教学。从学科知识、技能和能力三个角度进行描述学科的数字能力。欧洲教师数字能力框架和联合国教科文组织教师信息通信技术能力框架把教师专业数字能力也作为一个一级指标。国内的教师数字能力标准与国外教师数字能力标准相比，在教师专业数字能力方面重视程度较弱，关注度不太高。这为构建国际中文教师专业方面的数字能力指标提供借鉴和参考。

3.借鉴国内外教师数字能力标准构建理念

国内外教师数字能力标准都体现一种构建理念。国外教师数字能力标准是以“促进学习者数字能力”的理念构建的，注重学生的数字能力培养。国内的师范生信息化教学能力标准、高校教师数字素养评价指标体系是以“教师的数字能力发展”的理念构建的，注重教师的数字能力培养。

国际中文教学的对象是世界各国的中文学习者，教学对象所处的数字教学环境不同，对教师数字能力要求也不同，在数字能力发展较好的国家和地区对教师数字能力要求高，数字环境差的国家和地区对教师数字能力要求相对较低。但对国际中文教师来说，不论在数字环境好的国家还是差的国家都应该具备较高的数字能力，既要达到数字环境好的国家标准，又要在数字环境差的国家尽可能把数字技术运用到自己的中文教学中，给学习者带来新的学习体验，增加学习者学习汉语的兴趣，降低中文学习的难度。因此，国际中文教师的数字能力发展更加重要。基于此本研究主要借鉴国内的标准理念，以“国际中文教师的数字能力发展”理念构建，同时兼顾国外教师数字能力标准“促进学习者数字能力”为主要目标的理念，教师首先要具备完成国际中文数字化教学的数字能力，在此基础上，还要具备促进学习者数字能力发展的能力，共同培养世界数字公民。

4.国际中文教师数字能力标准模型注重其能力发展的前瞻性

教师数字能力发展是一个动态的、变化的过程。国内外教师数字能力标准和模型研究应注意标准的时效性和迭代性。国外教师数字能力标准的更新速度要高于国内教师数字能力标准。如欧洲教师数字能力框架分别在2011、2016、2017年进行教师数字能力框架的修订；在美国方面，ISTE已经持续发布过四个版本的“标准”（冯仰存等，2018），而国内的这两个标准更新速度相对较慢。

国际中文教师数字能力标准模型的构建要具有一定的前瞻性，随着数字技术与国际中文教学的快速融合，更多的新技术应用到国际中文教学中，加快了国际中文数字化教学进程，教师掌握这些新技术才能很好地适应中文数字化教学。研究发现，当前国际中文教师认为人工智能、5G移动互联网、虚拟现实、编程知识等新技术较难掌握，很多年轻教师都没有掌握这些新技术，50后、60后掌握就更难，然而这些新技术对国际中文数字化教学发展又具有巨大的推动作用。此外，国际中文教师的数字能力培养不是一蹴而就的，需要一个较长的培养周期。因此，本研究在构建国际中文教师数字能力标准模型时要对未来国际中文教学憧憬预测，尽管选定的一些指标现在看起来要求很高，但这些指标是国际中文教师需要发展和掌握的数字能力。

第二节　初步构建国际中文教师数字能力标准模型指标要素

维度划分和指标要素的构建是国际中文教师数字能力标准模型构建的关键部分，如何划分国际中文教师数字能力标准模型的维度，如何确立指标要素，对构建国际中文教师数字能力标准模型十分重要。为了构建一个具有前瞻性、科学性的标准模型，本研究制定了国际中文教师数字能力标准模型的原则，基于教师专业发展理论和TPACK理论，依据国内外教师数字能力共同关注的指标要素，结合国际中文教学的特点，初步构建国际中文教师数字能力标准模型指标要素。

一、构建国际中文教师数字能力标准模型的原则

教师数字能力发展是一个动态的变化过程，随着数字技术的发展不断更新。因此，本研究在确立国际中文教师数字能力指标时，需要结合国际中文教学现阶段的现状和未来发展趋势，考虑国际中文数字教学活动的特

点，进行综合性和前瞻性的研究设计，选择国际中文教师数字能力模型的指标时，主要遵循以下原则：

1.发展性原则

依据教师专业发展理论，教师的专业能力是不断发展的。数字能力作为国际中文教师专业发展的关键能力之一，教师的数字能力也是一个不断发展的过程。因此，在教师数字能力指标的选择或指标的具体描述时要有发展意识，具有一定的前瞻性，遵循事物的发展规律。

2.融合性原则

根据TPACK理论，要将数字技术与国际中文学科知识、教学方法、教学知识及教学研究等方面进行深度融合，这样才有利于发挥数字技术服务国际中文教学的优势，不断提升国际中文教师数字能力。

3.普适性原则

国际中文教育是一项国际性教育事业，教师处在国内、国外两种教育环境，教师的数字能力标准模型的构成要素要考虑其普适性，适合国内外中文教学要求。因此，本研究基于国内外教师数字能力标准或框架，分析这些标准或框架共同关注的教师数字能力指标，在此基础上分析国际中文教师所需要的主要的、关键的数字能力指标要素，构建一个普适性的国际中文教师数字能力的标准模型。

4.学科性原则

在借鉴教师普遍需要的数字能力指标的基础上，结合国际中文教学的特征，体现国际中文教育的学科特点，分析国际中文教师所需的数字能力，确立国际中文教师数字能力标准模型的指标要素。

二、初步确立国际中文教师数字能力标准模型指标要素

1.国内外教师数字能力共同关注的指标要素

本研究基于国内外10个教师数字能力标准或框架的指标要素，将这些标准或框架的指标要素按照一级、二级条目进行整理，采用在线词频统计软件，把国内外教师数字能力标准或框架整理好的一级指标要素通过软

件进行分词，剔除无实在意义的词，获得这些标准或框架一级指标要素的高频词，表明这些指标要素是国内外教师数字能力标准或框架共同关注的方面，把2次及以上频次的指标要素整理如下（见表2–1）。

表2–1　国内外教师数字能力标准一级指标要素词频统计表

关键词	词频	关键词	词频	关键词	词频
学习	5	创新	2	态度	2
技术	3	沟通	2	协作	2
教学	3	管理	2	学科	2
信息	3	教学法	2	学习者	2
安全	2	内容	2	资源	2

同样的方式，将国内外教师数字能力标准或框架整理好的二级指标要素通过软件进行分词，剔除无实在意义的词，获得这些标准或框架二级指标要素的高频词，把3次及以上频次的指标要素整理如下（见表2–2）。

表2–2　国内外教师数字能力标准二级指标要素词频统计表

关键词	词频	关键词	词频	关键词	词频
技术	10	应用	5	工具	3
管理	8	资源	5	共享	3
教学	7	创造	4	沟通	3
协作	7	解决	4	软件	3
内容	6	评价	4	使用	3
能力	6	设计	4	素养	3
数据	6	问题	4	网络	3
信息	6	组织	4	引导	3
保护	5	创新	3	政策	3
学习	5	反思	3	知识	3

2.国际中文教师所具备专业数字能力

（1）依据教师专业发展理论，教师需要不断发展自己的专业能力。社会在变革、在发展，教育正在发生变革，数字技术正在深度介入教学，影响并推动着教育的发展，教师需要不断发展和提升自己的素养，要有自我发展和终身学习的意识，才能适应时代发展的潮流。数字能力已成为21世纪学习目标的新指向（王佑镁，2013）。数字时代，国际中文的教和学都发生了变化。在教学方面，国际中文教学转为线上教学为主，教学方式、教学理念、教学组织、教学管理、教学评价、教学方法、教学策略等发生了一系列的变化。在学习方面，学生大多是伴随数字技术成长的数字土著，具有较强的数字技术的理解能力，他们获取知识资源渠道多元化。学生能够速度地接受新事物，而且大部分活动都习惯在互联网上实现，已经习惯于互联网的思维生活方式，他们的学习方式也在发生变化，学生已经适应了在线学习的方式，即使疫情结束后，线上和线下混合的教学模式仍是国际中文教学未来的发展趋势。但是大部分中文教师都是数字移民，虽然教师通过一段时间的线上教学，改变了他们对线上教学的看法，对运用数字技术服务教学持积极的态度，在教学方面掌握了基本的数字能力，但距国际中文教学的时代发展要求还有很大的差距，这一切都对中文教师队伍的专业化提出了更高的要求。

（2）TPACK理论指导下构建国际中文教师数字能力标准模型的指标。TPACK理论深刻地阐释了学科知识、教学法知识和技术知识之间的关系，将三者整合为一体并应用于教学，关注三者之间的交互性、整体性和融合性，为教育数字化提供了理论指导，为教师专业发展开辟了新的道路。郑艳群（2012）指出信息技术与课程的有机整合，可以充分利用现代信息技术所提供的具有全新沟通机制与丰富教学资源的学习环境，实现一种既发挥教师指导作用有保证发挥学生自主学习能力的全新学习方式。如何整合，各学科必须结合本学科的特性和需要开展研究。根据TPACK理论，我们构建国际中文教师数字能力标准模型时，不仅要考虑国内外教师标准共同关注的能力指标要素，还要结合国际中文教学的学科特点，要从国际中文教学的学科知识、教学方法及所需数字技术等方面入手，深入分析国际中文教师所需的数字能力，来构建国际中文教师数字能力标准模型。

（3）国际中文教学是一项复杂的国际性教育事业。按照学习者的地域可分为国内中文教学与国外中文教学，教学环境可分为目的语环境和非目的语环境，教学模式来分可分为线上教学模式、线下教学模式、混合式教学模式，从学习者文化背景还可分为汉字圈和非汉字圈等，这都说明国际中文教育事业的复杂性。因此，我们在构建国际中文教师数字能力标准模型的指标时，要考虑诸多的因素。首先，要考虑国际中文教学的学科知识。国际中文的教学内容主要是汉字、拼音（声调）、词汇、语法、会话、篇章和文化知识。其次，要考虑国际中文教学知识。国际中文教学大部分是把中文作为二语或外语进行教学（部分华裔除外），要掌握中文作为二语或外语的教学方法、教学模式、教学管理、教学组织、教学设计、教学评价、教学策略等相关的知识。第三，要考虑国际中文教学的外部环境。我们要了解教学所在国家的语言政策、语言文化、教师标准、伦理道德、法律法规等知识。第四，要考虑中文文化教学内容和传播方式。国际中文的文化教学和文化传播也是其重要的内容，要了解所在国家的数字伦理道德及相关法律，了解当地数字媒体类型及媒体社交礼仪等方面的知识，更好地开展文化教学和文化传播。第五，与所在国家民众交流时要有跨文化意识和跨文化理解力。国际中文教师要有跨文化理解能力，要了解当地民众语言交际的文化规约、交际礼仪等。

3.构建国际中文教师数字能力标准模型的维度

依据国内外教师数字能力标准或模型共同关注的指标、相关的理论及国际中文教学的特征，将国际中文教师数字能力标准模型初步划分为：数字技术能力、数字教学能力、数字研究能力、数字创新能力和数字意识五个维度。

（1）数字技术能力

数字技术是国际中文教师必备的数字能力，国内外教师数字能力标准或框架都很重视数字技术指标，在列举的10个标准或框架中，有三个标准或框架把数字技术作为一级指标。因此，本研究把数字技术作为一个一级指标。郑艳群（2012）将汉语作为二语教学所需的技术内容分为多媒体技术、语料库技术和网络技术。文化传播是国际中文教学的重要内容，现在是数字媒体时代，学习者更喜欢通过数字媒体进行信息交流，因此国际中文教师需要了解和遵守当地数字媒体伦理道德及法律，掌握数字媒体技术才能完成文化传播数字内容制作、利用数字媒体传播中华文化的能力。随着数字技术的发展，人工智能、大数据、5G技术、区域链等新技术的出现，推动国际中文教学的发展，因此国际中文教师需要掌握新技术。

（2）数字教学能力

数字教学能力也是国内外教师数字能力标准或框架共同关注的一个重要指标，在列举的10个标准或框架中，有三个标准或框架把数字教学能力作为一级指标。国际中文教学是国际中文教育的核心内容，国际中文教师在国际中文教学中扮演重要的角色。因此，本研究将数字教学能力作为一个一级指标。国际中文教学目前以线上教学为主，这与传统的线下教学不同，教师需要掌握线上教学的数字教学能力，如教学设计、教学组织、教学管理、教学评价、教学策略、教学实践反思等。

（3）数字研究能力

国际中文教师除了教学能力外，还需要一定的研究能力。在数字技术快速发展的今天，国际中文教育正处在转型发展阶段，需要对当下和未来国际中文教育面临的诸多问题进行研究，做出科学的判断。因此，国际中文教师还需具备一定数字研究能力。在国际中文教师数字能力现状调查中发现，教师对数据统计分析软件的使用能力欠佳，对复杂的数字工具运用能力不足，针对此情况，本研究将数字研究能力作为一个一级指标，来构建国际中文教师数字能力标准模型的构成要素。

（4）数字创新能力

教育部党组书记、部长陈宝生在深入学习贯彻习近平总书记关于教育的重要论述中提到，改革创新是时代发展的不竭动力，只有坚持深化改革不动摇，才能使我国教育越办越好、实现由教育大国到教育强国的历史跨越①。数字创新能力也是国内外教师数字能力标准或框架共同关注的一个

① http：//www.12371.cn/2020/03/18/ARTI1584521637064503.shtml.

重要指标，在列举的10个标准或框架中，有两个标准或框架把数字创新能力作为一级指标。国际中文教育面临一系列的挑战，国际中文的线上教学或OMO模式的教学对中文教师是一种挑战，如线上教学法的创新、教学资源创造、数字教学环境创设等，这些都需要创新才能跟上时代的步伐。因此，国际中文教师要具备一定的数字创新能力，把数字创新能力作为一个一级指标。

（5）数字意识

教育意识是指人们对教育的理解和看法，亦即人对教育存在的认识。正确的教育意识能使教育行为具有方向性、自觉性、计划性和预见性，符合客观实际，对教育的发展起促进作用（顾明远，1998）。数字时代，数字意识对国际中文教师的教学行为具有方向性、自觉性、计划性和预见性，对国际中文教育事业的发展具有促进作用。我国师范生信息化能力标准将意识态度作为一级指标，从主动学习、积极运用技术支持教学和促进自我发展的角度强调意识态度的作用。国际中文教学是一项国际性教学工作，学习者来自世界各地，文化背景不同，中文教师要具有跨文化意识、安全意识、协作意识、共享意识、学习意识等。因此，本研究将数字意识作为一个一级指标。

三、初步构建的国际中文教师数字能力标准模型指标

依据国际中文教师数字能力标准模型的维度，对部分教师进行访谈，分析国际中文教师数字能力的需求及国际中文教师所特有的数字能力，结合国际中文教学的特点，以及国际中文教师数字能力现状的调查情况和国内外教师数字能力标准或框架共同关注的指标，初步构建了5个一级指标，26个二级指标，并对26个二级指标进行描述（见表2-3），但该标准模型的合理性以及构成要素的描述是否恰当和精准，还需要专家进一步的验证、修订和完善。

表2-3 国际中文教师数字能力标准模型的指标及其描述

一级指标	二级指标	描述
数字技术能力	多媒体技术	能够使用多媒体技术制作中文教学课件，使用多媒体设备进行中文教学的能力。
	网络技术	能够使用网络技术开展远程中文教学的能力（翻转课堂、慕课、泛在学习等）。
	语料库技术	能够搜索、筛选国际中文专业领域的网络语料库资源，利用数字工具构建自己教学语料库服务国际中文教学的能力。
	数字媒体技术	使用数字媒体技术和工具制作文化传播的数字内容，运用所在国家的数字媒体传播中华文化的能力。
	新技术应用	运用新技术辅助国际中文教学和研究，如利用大数据分析线上教学过程、人工智能技术进行学生监管、作业批阅等。
数字教学能力	教学设计	根据数字教学模式使用数字技术设计符合中文教学的实景学习活动，创建数字学习环境，以支持学生学习。
	教学组织	借助数字技术有效激发学生的学习动机，鼓励学生积极参与教与学活动过程，组织学生开展中文教学活动。
	教学管理	能利用数字技术在不同的教学形式（如线上学习和混合学习）有效管理教学活动的能力。
	教学评价	能利用数字评价方案与评价工具对教学进行过程评价和结果评价，并引导学生进行自评和他评。
	教学策略	有效使用数字学习平台，充分发挥虚拟环境和互联网+教育空间的优势，精心设计和选择数字教学方式和方法。
	教学反思实践	利用数字思维工具反思教学中的不足，针对教学中的问题提出改进方案，进行数字教学实践。
数字研究能力	数字工具应用能力	能根据研究需要选择和使用数字工具开展研究的能力，如使用文献管理软件（NoteExpress）、数据分析软件（SPSS）的能力。
	数字资源获取能力	根据研究问题获取数字资源的能力，如数据获取能力、文献检索能力等。
	数字资源管理能力	具有资源建设的整体意识，能够选用技术工具合理规划与管理数字教育资源，能规划和丰富个人数字教育资源库。
	数字资源应用能力	根据研究需要有效运用数字资源的能力，如数据分析能力、各种教学资源运用到教学研究的能力等。

续表

一级指标	二级指标	描述
数字创新能力	数字资源创造	运用数字技术工具筛选和整理现有中文数字资源，结合自身所处的教学环境，创造符合所教对象的中文教学数字资源。
	数字环境创设	能够利用数字技术将现有的数字资源整合为中文教学所需的立体教学情境或场景，增强学生在数字环境中对中文学习的兴趣。
	教学法创新	根据线上教学和混合式教学的特点，利用数字技术优势创新国际中文的教学法（如电子竞技、动画学习、多重感知学习等）。
	教学管理创新	能够把数字技术运用到中文教学管理上，创新中文教学管理方式和管理手段。
	数字批判性思维	对众多的教学材料和学习资源批判的、有选择的接收，能够从中发现有价值的问题，并用批判性思维分析问题。
数字意识	学习意识	理解数字技术对教与学的作用，具有主动学习数字技术的意识，主动探索和运用数字技术支持终身学习、促进自身发展。
	技术运用意识	要有运用多媒体技术、网络技术、语料库技术、数字媒体技术和新数字技术开展教学、研究和发展自我的意识。
	共享意识	为了促进自己的专业发展和更好地教学实践，能够将数字教学资源通过数字工具与学生和同事共享的意识。
	协作意识	要自觉遵守协作规则，主动运用数字技术工具开展师生和生生间的协作，促进学生的数字协作能力。
	跨文化意识	要了解所教对象的语言、文化、宗教和社会背景，依据学生的文化背景设计和展现数字教学内容，以适应不同背景学生的思维方式。
	安全意识	遵守所在国家的数字政策、法律和道德准则，熟悉在线或虚拟互动中的网络礼仪，保护个人设备和数字内容，具有防范网络风险、欺诈、威胁和欺凌行为的意识。

本章小结

本章节主要任务是初步构建国际中文教师数字能力标准模型的指标，主要从两个方面开展研究。第一，分析国内外主要的教师数字能力标准和模型。本研究选取了具有代表性的欧盟教师数字能力（DigCompEdu）框架和联合国教科文组织教师信息通信技术能力框架及美国、西班牙、澳大利亚、挪威、中国等国家制定的教师数字能力标准和模型进行分析，梳理这些教师数字能力标准的构成要素，总结国际中文教师数字能力标准框架构建的可鉴之处，为构建国际中文教师数字能力标准框架奠定基础。第二，初步构建国际中文教师数字能力标准模型指标。基于教师专业发展理论和TPACK理论指导下，采用词频统计方法分析国内外教师数字能力标准或框架所共同关注的指标，制定了构建国际中文教师数字能力标准模型的原则，即发展性、融合性、普适性、学科性原则，分析了国际中文教师应具备的专业数字能力，结合国际中文教学的学科特点，将国际中文教师数字能力标准模型初步划分为：数字技术能力、数字教学能力、数字研究能力、数字创新能力和数字意识五个维度及其下属的26个二级指标，初步构建了国际中文教师数字能力标准模型的指标。

第三章　国际中文教师数字能力标准模型的专家验证

为了进一步验证和修订初步构建的国际中文教师数字能力标准模型指标及其描述。本研究采用德尔菲法，进行三轮的专家匿名咨询，分析专家咨询结果和意见，对标准模型进行验证和修订，确定国际中文教师数字能力标准模型指标及其描述；采用层次分析法计算国际中文教师数字能力标准模型指标的权重，最终构建国际中文教师数字能力标准模型。

第一节　第一轮专家问卷的结果分析

本节主要是对第一轮专家的基本情况和专家咨询结果进行分析，根据专家意见对国际中文教师数字能力标准模型指标及其描述进行删除和修订，为进一步的专家咨询奠定基础。

一、第一轮咨询专家和专家问卷的确定

1. 第一轮咨询专家的基本情况

本研究一共邀请了13位专家，7位国际中文教育领域的专家，6位现

代教育技术领 域的专家，国际中文教育领域的专家可以很好地把握专业的学科特点，现代教育技术领 域的专家可以从专业技术的角度进行考察国际中文教师数字能力标准模型指标及其描述

的合理性。13 位专家均来自高校，其中一位专家来自英国伦敦理启蒙大学（见表 3–1）。

表 3–1　专家所属院校情况

专家所属高校	专家人数	专家所属高校	专家人数
北京语言大学	4	北京外国语大学	1
中央民族大学	2	英国伦敦理启蒙大学	1
华东师范大学	2	新疆师范大学	1
北京师范大学	1	喀什大学	1

13位专家的基本信息主要包括性别、年龄、教龄、学历、职称等方面，其中男性专家6名，占比46.20%；女性专家7名，占比53.80%，专家的具体信息（见表3–2）。

表 3–2　专家基本信息统计表

维度	分类	男性人数	占比	女性人数	占比
年龄	36–45岁 46–55岁 56岁及以上	0 3 3	0.00% 23.10% 23.10%	2 3 2	15.40% 23.10% 15.40%
教龄	11–20年 21–30年 30年及以上	0 2 4	0.00% 15.40% 30.80%	2 2 3	15.40% 15.40% 23.10%
学历	硕士 博士	1 5	7.70% 38.50%	0 7	0.00% 53.80%
职称	副教授 教授	0 6	0.00% 46.20%	1 6	7.70% 46.20%

2. 专家问卷的确定

在教师专业发展理论和TPACK理论的指导下，参照德尔菲法的研究

范式，基于初步构建了国际中文教师数字能力标准模型设计了第一轮专家问卷。本问卷主要由两部分组成：第一部分是关于国际中文教师数字能力标准模型的指标评议；第二部分是关于专家的基本信息（详见附录二）。

二、专家咨询过程与结果

第一轮专家咨询，笔者通过电子邮件向13位预定的专家发放专家问卷，专家们在规定的时间都能按时反馈，收回完整有效问卷13份，问卷的有效率100%，专家积极系数为1，表明专家们对国际中文教师数字能力标准模型的研究关注度高，研究参与的积极性高。

（一）专家意见的集中度

在基于德尔菲法的研究中，专家咨询意见的集中程度，通常可以用平均值、众数、中数，以及上四分位数（Q+）和下四分位数（Q–）的差（Q+–Q–）来分析。分别求出专家意见的中位数、上四分位点Q+和下四分位点Q —，a1、an为填答的最小、最大值。Q+–Q–的值越小，表明集中程度越高。当Q+–Q–=0时，即认为集中程度最高。当Q+–Q– < 1.8时，即认为专家意见集中程度良好。当2.0 ≥ Q+–Q– ≥ 1.8时，即认为集中程度一般，但尚可接受。当Q+–Q– > 2.0时，则认为集中程度较差，中位数代表的意义则不可接受（吴建新等，2014）。

1.一级指标的集中程度

第一轮专家问卷数据统计均值结果显示，5个一级指标均值超过4分的有三个，占比60%，其余2个指标均值在3分－4分之间，占比40%；（Q+–Q–）值的结果显示，5个一级指标中，有4个（Q+–Q–）值< 1.8，表明专家的集中程度良好，1个（Q+–Q–）值2.0 ≥ Q+–Q– ≥ 1.8，表明专家的集中程度一般，但可以接受，其中“数字教学能力”指标（Q+–Q–）值为零，说明专家对这个指标的集中程度非常高（见表3–3）。

表 3-3　第一轮专家咨询的一级指标意见集中程度表

一级指标	M	众数	中数	Q+	Q−	Q+−Q−	集中程度
数字技术能力	4.38	4[a]	4	5	4	1	<1.8
数字教学能力	4.85	5	5	5	5	0	<1.8
数字研究能力	3.69	4	4	4.5	3	1.5	<1.8
数字创新能力	3.85	3	4	5	3	2	>1.8
数字意识	4.69	5	5	5	4	1	<1.8

注：a 表示存在多个众数，显示最小值。

2. 二级指标的集中程度

统计结果显示，在 26 个二级指标中，均值得分超过 4 分的有 23 个指标，占比 88.5%，均值得分小于 4 大于 3 的指标有 3 个，占比 11.5%，分别是“语料库技术”、“数字工具 应用”、“数字资源管理”；（Q+ −Q−）值的结果显示，26 个二级指标中，有 22 个（Q+ −Q−）值< 1.8，表明专家的集中程度良好，4 个（Q+ −Q−）值> 1.8 < 2，分别是“新技术应 用”、“数字资源管理”、“教学管理创新”、“共享意识”，表明专家的集中程度一般，但可 以接受，其中“教学设计”指标（Q+ −Q−）值为零，说明专家对这个指标的集中程度非 常高（见表 3–4）。

表 3-4　第一轮专家咨询的二级指标意见集中程度表

二级指标	M	众数	中数	Q+	Q−	Q+−Q−	集中程度
多媒体技术	4.54	5	5	5	4	1	< 1.8
网络技术	4.69	5	5	5	4	1	< 1.8
语料库技术	3.69	3	4	4.5	3	1.5	< 1.8
数字媒体技术	4.46	5	5	5	4	1	< 1.8
新技术应用	4.00	4	4	5	3	2	> 1.8
教学设计	4.77	5	5	5	5	0	< 1.8
教学组织	4.77	5	5	5	4.5	0.5	< 1.8
教学管理	4.77	5	5	5	4.5	0.5	< 1.8

续表

二级指标	M	众数	中数	Q+	Q−	Q+−Q−	集中程度
教学评价	4.62	5	5	5	4	1	＜1.8
教学策略	4.54	5	5	5	4	1	＜1.8
教学反思实践	4.62	5	5	5	4	1	＜1.8
数字工具应用	3.54	4	4	4	3	1	＜1.8
数字资源获取	4.23	5	5	5	3.5	1.5	＜1.8
数字资源管理	3.85	3[a]	4	5	3	2	＞1.8
数字资源应用	4.15	5	4	5	3.5	1.5	＜1.8
数字资源创造	4.31	5	4	5	4	1	＜1.8
数字环境创设	4.31	5	5	5	4	1	＜1.8
教学法创新	4.08	4	4	5	3.5	1.5	＜1.8
教学管理创新	4.23	5	5	5	3	2	＞1.8
数字批判思维	4.23	5	4	5	3.5	1.5	＜1.8
学习意识	4.77	5	5	5	4.5	0.5	＜1.8
运用技术意识	4.46	5	5	5	4	1	＜1.8
共享意识	4.08	5	4	5	3	2	＞1.8
协作意识	4.15	4	4	5	4	1	＜1.8
跨文化意识	4.38	4[a]	4	5	4	1	＜1.8
数字安全意识	4.62	5	5	5	4	1	＜1.8

注：a表示存在多个众数，显示最小值。

综合以上数据，还不能完全判断应该对哪些指标进行修改与删除，需结合专家意见，进一步筛选和修订这些指标。

（二）专家意见整理与指标修订

1.二级指标的删除

依据专家的意见对指标进行删除。在“教学策略”方面，专家E11认为“教学策略”指标同教学设计似乎有重复，教学设计一般包含教学策略，建议合并这两个指标，故删除“教学策略”将其与教学设计合并；在“共享意识”和“协作意识”方面，专家E6建议将二者合并，E11认为“共享意识这个问题要靠体制解决，而不是个人认识，数字时代的知识产权保护同样重要；协作意识这条放这个维度也有些牵强，跟数字能力关系不密切”，故删除“共享意识”和“协作意识”，将其合并为“合作意识”；在“数字工具应用”方面，专家E3认为“数字工具应用与数字资源管理描述有交叉，建议将其区分或保留其中一个”，考虑数字工具应用的均值得分（M=3.45）在26个指标中最低，故删除了数字工具应用，保留了数字资源管理指标。

2.二级指标的修订与补充

专家E10认为“对于一个老师来时，学习能力十分重要，这也事关教师的在职培训和进修，知识和更新也与其相关”，因此，我们将“学习意识”改为“数字学习能力”；同时专家E10还认为“数字知识是提升教师数字能力的基础，应该纳入到国际中文教师数字能力标准模型当中”，笔者参考刘斌（2020）智能教育素养的基本知识分类，补充了“理论性知识”和“技术性知识”两个指标。

此外，专家E6、E8、E10对二级指标的描述提出了一些意见，专家E6认为“数字技术能力和数字教学能力中的二级指标似有交叉，建议在描述的时候作区分”；专家E8认为“‘数字环境’的所指不够清晰，批判性思维能力描述没有涉及‘数字’”；专家E10认为“数字技术描述中的‘教学：如何和第二指标区别？语料库技术需定义明确’”。因此，基于各位专家的意见，对二级指标的描述进行了修订。

3.一级指标的修订

根据以上数据分析和专家的意见，对二级指标进行了删除、修订和补充，构建了25个二级指标，并对一级指标进行了部分修订。

专家E1、E2、E6认为一级指标的排序需要进行调整，建议将数字意识一级指标放在最前面。在数字意识方面，笔者将数字知识指标与数字意识合并为一个一级指标，将“数字意识”改为“数字意识和知识”。在数字研究能力方面，将数字学习能力与数字研究能力合并为一个一级指标，将“数字研究能力”改为“数字学习和研究能力”。专家E8认为“数字创新能力”的二级指标都是与教学相关，建议“数字创新能力”改为“数字教学创新能力”。故将“数字创新能力”改为“数字教学创新能力”。

第二节　后续两轮专家咨询问卷的结果分析

本节主要是对第二轮、第三轮专家咨询结果进行分析，根据专家意见对国际中文教师数字能力标准模型指标及其描述进行删除和修订，最终确定国际中文教师数字能力标准模型的指标及其描述。

一、第二轮专家咨询过程与结果

（一）第二轮专家咨询问卷的确定

在第一轮专家意见的基础上，对国际中文教师数字能力标准模型的指标进行删除、修订和补充，进一步完善二级指标的描述，制定了国际中文教师数字能力标准模型指标的第二轮专家问卷（见附录三）。问卷主要由两部分组成：第一部分是关于国际中文教师数字能力的一级和二级指标的评议及修改建议；第二部分是关于专家对指标打分的依据自评。

（二）第二轮专家咨询结果

第二轮专家咨询，笔者通过电子邮件向13位预定的专家发放专家问卷，专家们在规定的时间都能按时反馈，收回完整有效问卷13份，问卷的有效率100%，专家积极系数为1，表明专家们对国际中文教师数字能力标准模型的研究关注度高，研究参与的积极性高。

1.专家意见的集中度

（1）一级指标的集中程度

第二轮专家问卷数据统计均值结果显示，5个一级指标均值均超过4分，占比100%；（Q+–Q–）值的结果显示，5个一级指标（Q+–Q–）值均＜1.8，表明专家的集中程度良好，其中"数字教学能力"指标（Q+–Q–）值为零，说明专家对这个指标的集中程度非常高（见表3–5）。

表3–5 第二轮专家咨询的一级指标意见集中程度表

一级指标	M	众数	中数	Q+	Q–	Q+–Q–	集中程度
数字意识和知识	4.58	5	5	5	4	1	＜1.8
数字技术能力	4.5	4[a]	4.5	5	4	1	＜1.8
数字教学能力	4.83	5	5	5	5	0	＜1.8
数字学习和研究能力	4.17	4	4	5	4	1	＜1.8
数字教学创新能力	4.17	5	4	5	3.25	1.75	＜1.8

注：a表示存在多个众数，显示最小值。

（2）二级指标的集中程度

统计结果显示，在25个二级指标中，均值得分超过4分的有18个，占比72%，均值得分小于4大于3的有7个，占比28%，分别是"语料库技术""数字媒体技术""新技术应用""数字资源管理""数字资源应用""数字教学环境创设""教学管理创新"；（Q+–Q–）值的结果显示，25个二级指标中，有23个（Q+–Q–）值＜1.8，表明专家的集中程度良好，2个（Q+–Q–）值＞1.8＜2，分别是"教学法创新""教学管理创新"，表明专家在这两个指标的集中程度一般，但可以接受（见表3–6）。

表3–6 第二轮专家咨询的二级指标意见集中程度表

二级指标	M	众数	中数	Q+	Q–	Q+–Q–	集中程度
技术运用意识	4.75	5	5	5	4.25	0.75	＜1.8
跨文化意识	4.33	4	4	5	4	1	＜1.8

续表

二级指标	M	众数	中数	Q+	Q–	Q+–Q–	集中程度
合作意识	4.25	4[a]	4	5	4	1	＜1.8
数字安全意识	4.67	5	5	5	4.25	0.75	＜1.8
理论性知识	4.08	4	4	5	3.25	1.75	＜1.8
技术性知识	4.42	4	4	5	4	1	＜1.8
多媒体技术	4.67	5	5	5	4.25	0.75	＜1.8
网络技术	4.58	5	5	5	4	1	＜1.8
语料库技术	3.75	3	3.5	4.75	3	1.75	＜1.8
数字媒体技术	3.92	4	4	4.75	3.25	1.50	＜1.8
新技术应用	3.67	4	4	4	3	1	＜1.8
教学设计	4.75	5	5	5	4.25	0.75	＜1.8
教学组织	4.75	5	5	5	4.25	0.75	＜1.8
教学管理	4.67	5	5	5	4	1	＜1.8
教学评价	4.33	5	4.5	5	4	1	＜1.8
教学反思	4.33	5	5	5	4	1	＜1.8
数字学习能力	4.33	5	5	5	3.25	1.75	＜1.8
数字资源获取	4.08	4	4	5	3.25	1.75	＜1.8
数字资源管理	3.42	4	4	4	2.25	1.75	＜1.8
数字资源应用	3.83	4	4	4.75	3	1.75	＜1.8
数字资源创造	4.17	5	4	5	3.25	1.75	＜1.8
数字教学环境创设	3.92	4	4	4.75	3.25	1.50	＜1.8
教学法创新	4.08	4	4	5	3	2	＞1.8
教学管理创新	3.92	5	4	5	3	2	＞1.8
数字批判思维	4.33	4	4.5	5	4	1	＜1.8

注：a表示存在多个众数，显示最小值。

2. 专家意见整理与指标修订

根据以上数据分析和专家的意见，对二级指标进行了修订和补充，构建了27个二级指标，并对一级指标进行了部分修订。

（1）二级指标的修订与补充

专家E2和E10认为"数字知识内容可以进一步细化"。因此，我们将"理论性知识"和"技术性知识"改为"数字教学理论知识""数字道德知识""数字技术知识""数字工具知识"；专家E3和E12认为"数字学习能力已经融入到各个指标当中了，学习意识对国际中文教师数字能力的发展很重要"，因此，我们将"数字学习能力"改为"学习意识"，放在"数字意识"一级指标中。

此外，专家E8认为"跨文化意识"指标的描述与数字能力关联度不足；"数字批判思维"指标的描述对该项能力指向不够清晰，"利用数字技术和工具发现问题、分析问题、解决问题的能力"与批判思维无关，"批判性地选择和运用数字资源"过于狭窄，建议修改表述。因此，依据专家E8的意见，对二级指标的描述进行了修订。

（2）一级指标的修订

专家E2和E12认为"数字意识和知识放在一个维度下不合适，可以考虑将这两个指标分开"，因此，我们将"数字意识和知识"改为"数字意识"和"数字知识"两个一级指标；专家E3和E12认为"数字学习和研究能力"放在一个指标下不太合适，建议将数字研究能力作为一个一级指标，因此，我们将"数字学习和研究能力"改为"数字研究能力"。

二、第三轮专家咨询过程与结果

（一）第三轮专家咨询问卷的确定

在第二轮专家意见的基础上，对国际中文教师数字能力标准模型的指标进行修订和补充，进一步完善二级指标的描述，制定了国际中文教师数字能力标准模型指标的第三轮专家问卷（见附录四）。问卷主要是关于国际中文教师数字能力的一级和二级指标的重要程度评议和修订，包括数字意识、数字知识、数字技术能力、数字教学能力、数字研究能力、数字教学创新能力6个一级指标和27个二级指标。

（二）第三轮专家咨询结果

第三轮专家咨询，向13位预定的专家发放专家问卷，专家们在规定的时间都能按时反馈，收回完整有效问卷12份，问卷的有效率92.3%，专家积极系数为0.92，表明专家们对国际中文教师数字能力标准模型的研究关注度高，研究参与的积极性高。

1.一级指标的集中程度

第三轮专家问卷数据统计均值结果显示，6个一级指标均值均超过4分，占比100%；（Q+–Q–）值的结果显示，6个一级指标中，6个（Q+–Q–）值都＜1.8，表明专家的集中程度良好，其中“数字教学能力”指标（Q+–Q–）值为零，说明专家对这个指标的集中程度非常高（见表3–7）。

表3–7 第三轮专家咨询的一级指标意见集中程度表

一级指标	M	众数	中数	Q+	Q–	Q+–Q–	集中程度
数字意识	4.75	5	5	5	4.25	0.75	＜1.8
数字知识	4.33	4	4	5	4	1	＜1.8
数字技术能力	4.50	5	5	5	4	1	＜1.8
数字教学能力	4.92	5	5	5	5	0	＜1.8
数字研究能力	4.17	4	4	5	4	1	＜1.8
数字教学创新能力	4.58	5	5	4.75	4	0.75	＜1.8

注：a表示存在多个众数，显示最小值。

2.二级指标的集中程度

统计结果显示，在27个二级指标均值得分均超过4分，占比100%；（Q+–Q–）值的结果显示，27个二级指标（Q+–Q–）值均＜1.8，表明专家的集中程度良好（见表3–8）。

表3–8 第三轮专家咨询的二级指标意见集中程度表

二级指标	M	众数	中数	Q+	Q–	Q+–Q–	集中程度
学习意识	4.67	5	5	5	4	1	＜1.8

续表

二级指标	M	众数	中数	Q+	Q–	Q+–Q–	集中程度
技术运用意识	4.50	4a	4.5	5	4	1	＜1.8
跨文化意识	4.33	4	4	5	4	1	＜1.8
合作意识	4.25	4	4	5	4	1	＜1.8
数字安全意识	4.50	4a	4.5	5	4	1	＜1.8
数字教学理论知识	4.33	4	4	5	4	1	＜1.8
数字道德知识	4.08	4	4	4.75	4	1	＜1.8
数字技术知识	4.58	5	5	5	4	1	＜1.8
数字工具知识	4.33	4	4	5	4	1	＜1.8
多媒体技术	4.42	5	4.5	5	4	1	＜1.8
网络技术	4.50	5	5	5	4	1	＜1.8
语料库技术	4.00	4	4	4	4	0	＜1.8
数字媒体技术	4.33	4	4	5	4	1	＜1.8
新技术应用	4.08	4	4	4.75	4	0.75	＜1.8
教学设计	4.83	5	5	5	5	0	＜1.8
教学组织	4.83	5	5	5	5	0	＜1.8
教学管理	4.75	5	5	5	4.25	0.75	＜1.8
教学评价	4.58	5	5	5	4	1	＜1.8
教学反思	4.67	5	5	5	4	1	＜1.8
数字资源获取	4.17	4	4	4.75	4	0.75	＜1.8
数字资源管理	4.00	4	4	4	4	0	＜1.8
数字资源应用	4.17	4	4	5	4	1	＜1.8
数字资源创造	4.50	5	5	5	4	1	＜1.8
数字教学环境创设	4.33	4	4	5	4	1	＜1.8
教学法创新	4.50	5	5	5	4	1	＜1.8
教学管理创新	4.17	5	4	5	3.25	1.75	＜1.8
数字批判思维	4.50	5	5	5	4.25	0.75	＜1.8

注：a 表示存在多个众数，显示最小值。

3. 第三轮专家意见的修订

依据第三轮专家的意见和指标的集中程度，标准模型一级指标和二级指标不需要进行修订，依据专家的意见对二级指标的描述进行了部分修订。

三、专家咨询结果的可靠性分析

专家的权威程度对咨询的可靠性有至关重要的影响。专家权威程度（Cr）一般由两个因素决定，一个是专家对方案做出判断的依据，用（Ca）表示，判断系数取值在0–1之间，0为无知，1为影响程度最大；另一个是专家对问题的熟悉程度，用（Cs）表示。权威程度Cr的计算公式为判断依据（Ca）与熟悉程度（Cs）的算术平均值，即Cr=（Cs+Ca）/2（吴建新等，2014）。

1. 专家对指标的判断依据

依据专家对国际中文教师数字能力标准模型指标的判断依据赋值（见表3–9），结合图3–1专家熟悉程度分布情况，对13位专家的判断依据进行计算，得出13位专家的判断依据Ca=0.92。

表3–9 专家对指标的判断依据赋值表

判断依据	对专家的判断影响程度（Ca）		
	大	中	小
直观感觉	0.1	0.1	0.1
理论分析	0.3	0.2	0.1
实践（工作）经验	0.5	0.4	0.3
对国内外的相关了解	0.1	0.1	0.1

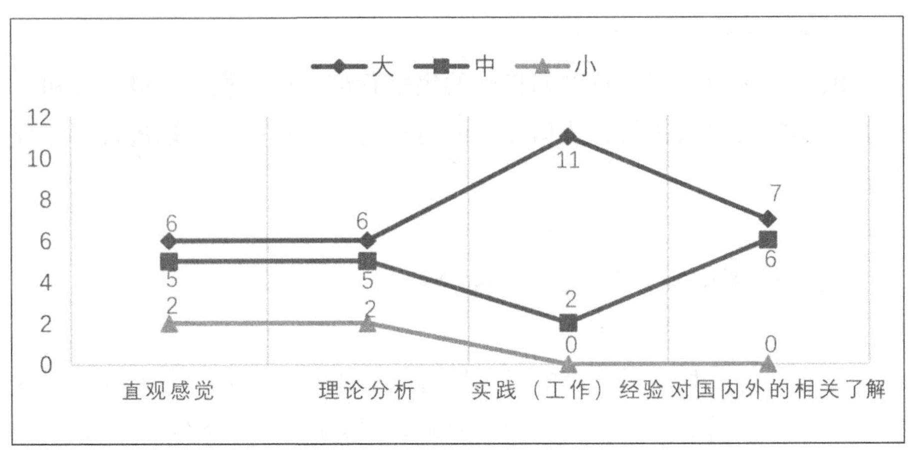

图 3-1　专家判断依据分布情况

2. 专家对指标的熟悉程度

依据专家熟悉度系数赋值（见表3-10），结合图3-2专家熟悉程度分布情况，对13位专家的熟悉度进行计算，得出13位专家的熟悉度Cs=0.88。

表3-10　专家对指标的熟悉程度系数赋值表

熟悉程度	量化值
很熟悉	1
熟悉	0.8
一般熟悉	0.5
不熟悉	0.2
不熟悉	0

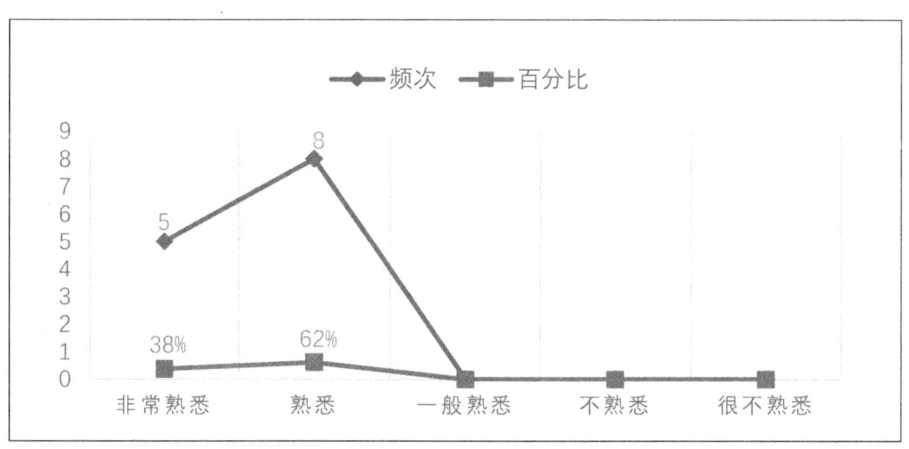

图3-2 专家熟悉程度分布情况

依据权威程度Cr的计算公式为判断依据（Ca）与熟悉程度（Cs）的算术平均值，即Cr=（Cs+Ca）/2，计算出本研究的13位专家的权威程度Cr=（0.88+0.92）/2=0.9。

这说明13位专家的权威程度高，专家咨询的可信度高，进一步说明了本研究的可靠性，即国际中文教师数字能力标准模型指标得到专家的认可。

3. 专家意见的协调系数

协调系数（W）表示全部专家对全部评价项目的意见的协调程度。其值介于0–1之间，其数值越大，说明专家意见协调程度越高（吴建新等，2014）。在本方案中，如果P＜0.01或＜0.05，说明专家评估或预测协调性好，结果可取；如果P＞0.05，说明结果不可取。三轮专家咨询的协调系数分别为0.241、0.264、0.215(见表3–11)，三轮的结果都是P＜0.01，这说明专家意见的协调性较好。

表3–11 专家意见的协调系数

项目	第一轮	第二轮	第三轮
N	13	13	12
协调系数	0.241	0.264	0.215

续表

项目	第一轮	第二轮	第三轮
卡方	94.07	99.41	82.66
df	30	29	32
P	＜0.001	＜0.001	＜0.001

综上所述，通过三轮的专家咨询，我们对国际中文教师数字能力标准模型指标进行修订和补充，从标准模型指标的集中程度、专家的判断依据、专家的熟悉度及专家意见的协调系数等方面可以得出该标准模型指标的权威程度较高，国际中文教师数字能力标准模型构建的指标是专家认可的，这些数字能力指标是国际中文教师需要发展的重要数字能力。

第三节　指标的确立与模型初步构建

本节主要是依据专家咨询的修订结果确立国际中文教师数字能力标准模型的指标，根据标准模型指标的初步构建国际中文教师数字能力标准模型。

一、国际中文教师数字能力标准模型指标的确立

国际中文教师数字能力是中文教师胜任数字时代教育教学工作必备的综合能力。依据13位专家三轮咨询对其指标和描述进行了修订和完善，最终确定了国际中文教师数字能力标准模型的指标及其描述（见表3-12），并具有较高的专家意见集中度和认可度。

表3-12　国际中文教师数字能力标准模型的指标及其描述

一级指标	二级指标	描述
数字意识	学习意识	具有主动学习数字技术的意识，探索和运用数字技术支持终身学习、促进自身发展
	技术运用意识	具有主动运用数字技术（如多媒体技术、网络技术、大数据、AI、VR等）开展教学和研究及发展自我的意识
	跨文化意识	运用数字工具或平台帮助学生理解跨文化语境，增强跨文化意识，发展跨文化交际技能
	合作意识	运用数字工具或平台与同事等开展资源共享、分工协作等方面的意识
	数字安全意识	遵守所在国家和地区的数字政策、法律，保护个人设备和数字内容，防范网络风险等意识
数字知识	数字教学理论知识	掌握与数字化教学相关的理论性知识，包括数字化教学理念与价值观念、教学法等方面的知识
	数字道德知识	了解所在国家和地区的网络政策、法律、道德准则、资源版权许可和网络礼仪等知识，数字技术教育实践符合所在国家的道德法律要求
	数字技术知识	掌握如何在教学中使用数字技术的知识，如了解应用于中文教育领域的数字技术、利用数字技术解决问题、创新教育教学模式等方面的知识
	数字工具知识	了解中文教学常见的教学软件、教学设备、网络学习平台、社交软件等数字工具操作方面的知识
数字技术能力	多媒体技术	使用多媒体设备的能力，制作和运用多媒体教学课件的能力
	网络技术	使用网络资源和平台开展教学和研究的能力（如远程教学、翻转课堂等）
	语料库技术	收集语料、创建语料库的能力，查找、筛选等使用语料库的能力
	数字媒体技术	运用所在国家的视频网站（如YouTube）、社交媒体（如微信、博客）等数字媒体开展国际中文教学、传播中华文化的能力
	新技术应用	使用新技术（如大数据分析技术、人工智能、虚拟现实技术等）或产品进行教学和研究的能力

续表

一级指标	二级指标	描述
数字教学能力	教学设计	利用数字技术辅助中文教学设计的能力，如设计课堂教学的内容、方法和策略等
	教学组织	利用数字技术进行教学组织的能力，如利用网络平台组织学生开展自主学习/合作学习等
	教学管理	利用数字技术进行教学管理的能力，如利用教学软件和数字设备进行学生管理、课堂管理等
	教学评价	利用数字技术进行教学评价的能力，如基于线上教学的数据进行过程性评价和结果性评价
	教学反思	利用数字技术和工具进行教学反思实践的能力，如运用电子学习档案（E-portfolio）、教学视频等进行教学反思
数字研究能力	数字资源获取	根据研究问题获取数字资源的能力，如数据获取、文献检索等
	数字资源管理	使用数字工具管理数字资源的能力，如文献管理软件（如Note-Express）、数据管理软件的使用
数字教学创新能力	数字资源应用	根据研究需要运用数字工具对数字资源的分析和处理的能力，如对文献和数据的分析、处理
	数字资源创造	能够运用数字技术和工具整合现有中文数字资源，创造适合自己教学所需数字资源的能力。
	数字教学环境创设	利用数字技术（如VH、AH）将现有的数字资源整合为中文教学所需的虚拟仿真或真实教学情景的能力
	教学法创新	根据线上教学和混合教学的特点，利用数字技术创新中文教学方法的能力
	教学管理创新	将数字技术用于中文教学管理，创新中文教学管理模式和管理手段的能力
	数字批判思维	批判性地选择和运用数字资源服务国际中文教学和研究的能力，能正确认识数字技术应用于语言教学的长处与短处

二、国际中文教师数字能力标准模型的初步构建

依据国际中文教师数字能力标准模型指标，最终确定了?个一级指标和S7个二级指标，初步构建了国际中文教师数字能力标准模型（见图3-3）。

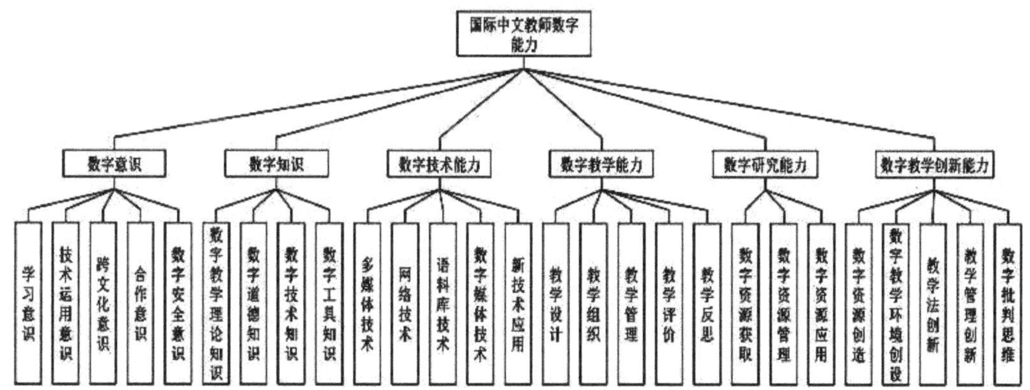

图 3-3 国际中文教师数字能力标准模型的初构图

第四节 指标的权重确定

本节主要是基于国际中文教师数字能力标准模型指标确立的基础，采用层次分析法计算标准模型各指标的相对权重，依据标准模型指标权重来构建国际中文教师数字能力标准模型。

一、国际中文教师数字能力标准模型层次结构的确立

在使用层次分析法时，先建构国际中文教师数字能力的层次结构，把所属的构成指标按照一定的规则进行梳理和归类。依据国际中文教师数字能力标准模型指标，构建国际中文教师数字能力的层次结构图（图3-3）。借助此层次结构图，我们把相对复杂的国际中文教师数字能力进行拆解，形成国际中文教师主要数字能力指标构成的层级关系图，我们能够直观的观察数字能力之间的隶属关系，这有助于构建数字能力矩阵和计算权重。

国际中文教师数字能力标准模型的指标可分为三个层次。最高层为目标层，即国际中文教师数字能力。第二层为准则层，包括数字意识、数字知识、数字技术能力、数字教学能力、数字研究能力和数字教学创新能力

六个一级指标。第三层为方案层，准则层中的一级指标所包含的二级指标。数字意识包括学习意识、技术运用意识、跨文化意识、合作意识、数字安全意识五个二级指标；数字知识包括数字教学理论知识、数字道德知识、数字技术知识、数字工具知识四个二级指标；数字技术能力包括多媒体技术、网络技术、语料库技术、数字媒体技术、新技术应用五个二级指标；数字教学能力包括教学设计、教学组织、教学管理、教学评价、教学反思五个二级指标；数字研究能力包括数字资源获取、数字资源管理、数字资源应用三个二级指标；数字教学创新能力包括数字资源创造、数字教学环境创设、教学法创新、教学管理创新、数字批判思维五个二级指标（见图3–4）。

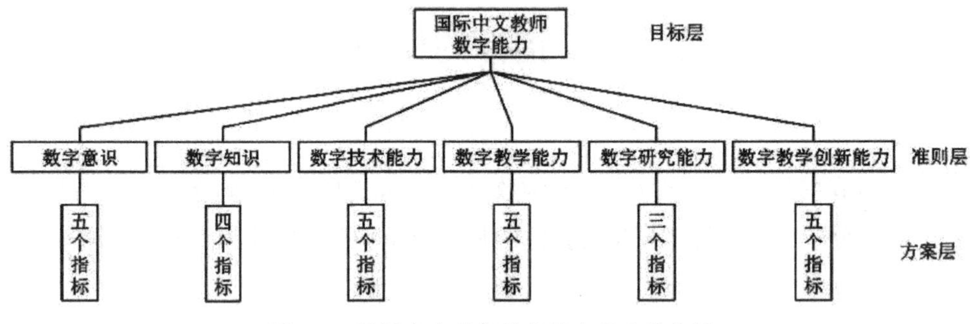

图3–4　国际中文教师数字能力层次结构图

二、国际中文教师数字能力标准模型的权重计算

依据国际中文教师数字能力标准模型的指标及其层次结构，本研究设计了该标准模型指标权重的专家咨询问卷（见附录五），主要由“一级指标的重要性对比计分表”和“二级指标的重要性对比排序表”两部分构成。

（一）国际中文教师数字能力标准模型一级指标的权重计算

1.层次分析法分析步骤

层次分析法首先是将所要进行的决策问题置于一个大系统中，这个系统中存在互相影响的多种因素，要将这些问题层次化，形成了一个多层的分析结构模型。然后运用数学方法与定性分析相结合，通过层层排序，最终根据各方案层计算所占的权重，来辅助决策。

层次分析法（AHP）确定权重的步骤如下：

（1）构造判断矩阵。以A表示目标，ui、uj（i，j=1，2，…，n）表示因素。Uij表示ui对uj的相对重要性数值。并由uij组成A–U判断矩阵P。

$$P=\begin{bmatrix} u_{11} & u_{12} & \cdots & u_{1n} \\ u_{21} & u_{22} & \cdots & u_{2n} \\ \vdots & \vdots & \vdots & \vdots \\ u_{n1} & u_{n2} & \cdots & u_{nn} \end{bmatrix}$$

（2）计算重要性排序。根据判断矩阵，求出其最大特征根λmax所对应的特征向量w方程如下：

$$P_w = \lambda_{max} \cdot w$$

所求特征向量w经归一化，即为各评价因素的重要性排序，也就是权重分配。

（3）一致性检验。以上得到的权重分配是否合理，还需要对判断矩阵进行一致性检 验。检验使用公式：

$$CR=\frac{CI}{RI}$$

在该公式中，CR 为判断矩阵的随机一致性比率；CI 为判断矩阵的一致性指标。它由 下式给出：

$$CI=\frac{\lambda_{max}-n}{n-1}$$

RI为判断矩阵的平均随机一致性指标，1~9阶为判断矩阵的RI值。当判断矩阵P的$CR < 0.1$时或$\lambda max = n$，$CI = 0$时，认为P具有满意的一致性，否则需调整P中的元素以使其具有满意的一致性。

2.一级指标的权重

本研究采用迈实AHP层次分析软件进行一级指标权重计算。迈实AHP层次分析法软件具有数据准确、操作方便、功能全面等优势，包含层次分析法快速建模和排版，专家打分数据的excel导出和导入，专家矩阵一致性检验，专家矩阵一致性修正和补全，敏感度分析，详细过程数据等AHP各种所需功能和数据，已广泛应用于各类的科研和学术研究。

专家对一级指标的计分中，主要依据相应能力指标在重要程度上的两两比较。为此，根据以上的国际中文教师数字能力层次结构图，和一级指标间两两比较的需求，可以构建出这些能力指标间的判断矩阵（见表3-13）。其中，用A代表数字意识、B代表数字知识、C数字技术能力、D代表数字教学能力、E代表数字研究能力、F代表数字教学创新能力。

表3-13　一级指标两两比较的判断矩阵

		指标A	指标B	指标C	指标D	指标E	指标F
指标	A	G_{AA}	G_{AB}	G_{AC}	G_{AD}	G_{AE}	G_{AF}
指标	B	G_{BA}	G_{BB}	G_{BC}	G_{BD}	G_{BE}	G_{BF}
指标	C	G_{CA}	G_{CB}	G_{CC}	G_{CD}	G_{CE}	G_{CF}
指标	D	G_{DA}	G_{DB}	G_{DC}	G_{DD}	G_{DE}	G_{DF}
指标	E	G_{EA}	G_{EB}	G_{EC}	G_{ED}	G_{EE}	G_{EF}
指标	F	G_{FA}	G_{FB}	G_{FC}	G_{FD}	G_{FE}	G_{FF}

专家根据以上判断矩阵，对国际中文教师数字能力标准模型一级指标的重要程度比较时，计分标度采用的是 Satty1–9 标度法，重要程度与标度值的对应关系见表 3–14。需要说明的是标度值 2、4、6、8 所对应的重要程度，介于表中标度值为相邻奇数的重 要程度之间。

表 3–14　Satty1–9 标度表

重要程度	标度值
同等重要	1
稍重要	3
重要	5
很重要	7
极重要	9
以上相邻重要程度的折中值	2、4、6、8

通过迈实AHP层次分析软件对12位专家的一级指标权重进行分析，

我们得出国际中文教师数字能力标准模型一级指标的权重（见3-15），总排序一致性为CI=0，P具有满意的一致性，"群决策结论表"是对各项指标权重的直观呈现（见图3-4）。

表3-15 群决策中间层权重表

节点	全局权重	同级权重
数字意识	0.264	0.264
数字知识	0.149	0.149
数字技术能力	0.139	0.139
数字教学能力	0.245	0.245
数字研究能力	0.075	0.075
数字教学创新能力	0.127	0.127

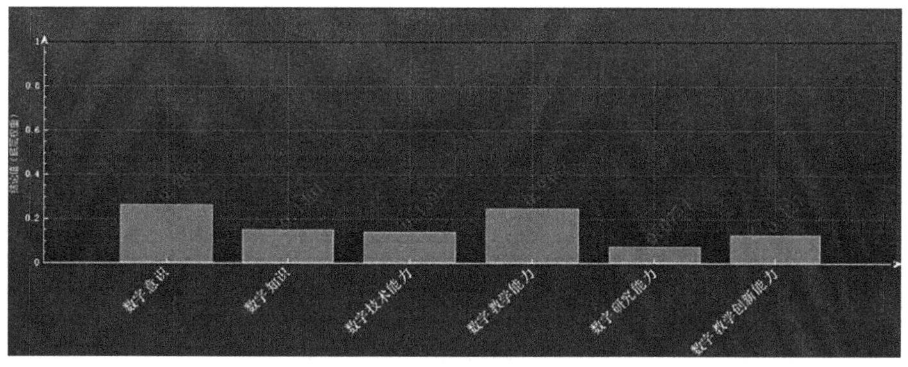

图3-4 群决策结论表

（二）国际中文教师数字能力标准模型二级指标的权重计算

国际中文教师数字能力二级指标27个，如果采用一级指标两两比较的对比计分方式，专家的工作量会比较大，而且会影响计分结果的效度。因此，二级指标的权重咨询只要求专家按照其重要程度排序即可。

第一步，根据专家对二级指标重要程度的递减顺序，由高到低赋予对应的分值（数字意识、数字技术能力、数字教学能力、数字教学创新能力所含二级指标的赋值范围为5–1分；数字知识所含二级指标的赋值范围为4–1分；数字研究能力所含二级指标的赋值范围为3–1分）；第二步，对各个二级指标进行分值统计；第三步，计算每个二级指标的分数与所属一级指标的总分的比例值（数字意识、数字技术能力、数字教学能力、数字教学创新能力二级指标总分为180；数字知识二级指标总分为120；数字研究能力二级指标总分为72），计算出二级指标的权重值。

以数字意识二级指标为例，说明国际中文教师数字能力二级指标的权重计算过程。

第一步，依据12位专家对数字意识所含二级指标重要性递减的排序（见表3–15），赋予对应的分值，并按照A1到A5的顺序重新排序（A1代表学习意识，A2代表技术应用意识，A3代表跨文化意识，A4代表合作意识，A5代表数字安全意识），如表3–16所示。

表3–15　12位专家对数字意识所含二级指标重要性递减的排序

专家	E1	E2	E3	E4	E5	E6	E7	E8	E9	E10	E11	E12
递减排序	A2	A5	A1	A2	A1	A3	A1	A1	A2	A5	A1	A1
	A1	A2	A5	A3	A3	A1	A3	A2	A1	A4	A5	A5
	A5	A1	A4	A4	A2	A2	A2	A3	A3	A2	A2	A2
	A4	A4	A3	A1	A5	A4	A4	A5	A4	A1	A3	A3
	A3	A3	A2	A5	A4	A5	A5	A4	A5	A3	A4	A4

表3–16　12位专家对数字意识所含二级指标的赋值

专家	E1	E2	E3	E4	E5	E6	E7	E8	E9	E10	E11	E12
A1学习意识	4	3	5	2	5	4	5	5	4	2	5	5
A2技术运用意识	5	4	1	5	3	3	3	4	5	3	3	3
A3跨文化意识	1	1	2	4	4	5	4	3	3	1	2	2
A4合作意识	2	2	3	3	1	2	2	1	2	4	1	1
A5数字安全意识	3	5	4	1	2	1	1	2	1	5	4	4

第二步，对表3–16中每个二级指标所在行的分值求和，A1学习意识的分值为49、A2技术应用意识的分值为42、A3跨文化意识的分值为32、A4合作意识的分值为24、A5数字安全意识的分值为33。

第三步，将A1、A2、A3、A4、A5的分值同数字意识的总分180相比，即得出这5个二级指标的权重值，分别为0.272、0.233、0.177、0.133和0.183。重复上述步骤，算出剩余二级指标的权重值（见表3–17）。

表3–17　国际中文教师数字能力标准模型二级指标的权重

专家	E1	E2	E3	E4	E5	E6	E7	E8	E9	E10	E11	E12	和值	权重
A1 学习意识	4	3	5	2	5	4	5	5	4	2	5	5	49	0.272
A2 技术运用意识	5	4	1	5	3	3	3	4	5	3	3	3	42	0.233
A3 跨文化意识	1	1	2	4	4	5	4	3	3	1	2	2	32	0.177
A4 合作意识	2	2	3	3	1	2	2	1	2	4	1	1	24	0.133
A5 数字安全意识	3	5	4	1	2	1	1	2	1	5	4	4	33	0.183
B1 数字教学理论知识	2	2	2	2	4	3	4	1	3	1	3	1	28	0.233
B2 数字道德知识	1	1	3	1	3	2	1	2	1	3	4	4	26	0.217
B3 数字技术知识	3	4	1	4	2	4	3	4	4	2	2	2	35	0.292
B4 数字工具知识	4	3	4	3	1	1	2	3	2	4	1	3	31	0.258
C1 多媒体技术	4	4	5	2	5	2	1	4	5	3	4	5	44	0.244
C2 网络技术	5	5	4	3	4	5	5	5	4	1	5	4	50	0.278
C3 语料库技术	1	1	2	1	1	1	2	1	1	4	2	3	20	0.111
C4 数字媒体技术	3	3	3	4	3	4	4	3	3	5	3	2	40	0.222
C5 新技术应用	2	2	1	5	2	3	3	2	2	2	1	1	26	0.144
D1 教学设计	4	3	5	5	5	5	5	5	5	5	5	5	57	0.317
D2 教学组织	5	5	4	2	3	4	2	4	4	3	4	4	44	0.244
D3 教学管理	3	4	3	1	4	3	1	3	3	4	1	2	32	0.178
D4 教学评价	2	2	2	4	1	2	4	1	1	2	2	3	26	0.144
D5 教学反思	1	1	1	3	2	1	3	2	2	1	3	1	21	0.117

续表

专家	E1	E2	E3	E4	E5	E6	E7	E8	E9	E10	E11	E12	和值	权重
E1 数字资源获取	3	3	3	1	3	3	1	3	3	3	3	2	31	0.431
E2 数字资源管理	1	2	2	2	2	2	2	2	1	1	1	1	19	0.264
E3 数字资源应用	2	1	1	3	1	1	3	1	2	2	2	3	22	0.306
F1 数字资源创造	5	5	5	5	5	5	3	3	4	3	4	5	52	0.289
F2 数字教学环境创设	3	1	1	3	1	4	5	1	3	1	2	2	27	0.15
F3 教学法创新	4	4	4	4	4	3	2	2	1	4	3	4	39	0.217
F4 教学管理创新	2	3	3	2	3	1	1	5	2	2	1	3	28	0.156
F5 数字批判思维	1	2	2	1	2	2	4	4	5	5	5	1	34	0.189

（三）国际中文教师数字能力标准模型的权重分析

结合国内外国际中文教学现状及国际中文教师数字能力发展的现实需求，对国际中文教师数字能力在一级指标和二级指标上的权重值合理性，进行逐一分析。

1.国际中文教师数字能力一级指标的权重分析

在国际中文教师数字能力一级指标的权重方面，按照由大到小的权重值排序为：数字意识（0.264）＞数字教学能力（0.245）＞数字知识（0.149）＞数字技术能力（0.139）＞数字教学创新能力（0.127）＞数字研究能力（0.075）。结果发现：

（1）数字意识在国际中文教师数字能力一级指标中权重值最高。我们已经进入数字时代，大数据、人工智能、5G移动互联网等新技术正在改变我们生活的方方面面，因此数字意识的权重值最高也说明了专家认为该指标改很重要，我们只有改变我们的数字态度，具有较强的数字意识才能很好地适应数字时代国际中文教学的需要。

（2）数字教学能力在国际中文教师数字能力一级指标中权重值仅次于数字意识。在《全面深化新时代教师队伍建设改革的意见》的总体要求中也提出，教师应主动适应信息化、人工智能等新技术变革，积极有效开展数字教育教学，到2035年，教师的专业化水平有大幅提升。在疫情的影响下，国际中文教学以线上教学为主，教学模式的变化对国际中文教师提出新的要求，国际中文教师从事中文教学工作必须具备一定的数字教学能力，数字教学能力是国际中文教师开展转为数字教育活动的核心能力和根本能力。因此，专家们对其赋予较高的权重值也是合理的。

（3）数字研究能力在国际中文教师数字能力一级指标中的权重值最低。可能存在以下原因：一方面可能是因为数字知识、数字技术能力、数字教学创新能力对当前中文教学相对于数字研究能力比较重要，数字知识和数字技术能力都是国际中文教师必须掌握的基础，数字教学创新能力是目前国际中文教师亟需提升的数字能力；另一方面也可能是因为数字研究能力下设的二级指标数量要少于其它一级指标。因此，专家们认为数字研究能力在权重值或重要性方面弱于其它指标，对数字研究能力给出最低的权重值也是合理的。

2.国际中文教师数字能力二级指标的权重分析

（1）数字意识所含二级指标的权重分析

在数字意识方面，权重值大小排序为：学习意识（0.272）＞技术应用意识（0.233）＞数字安全意识（0.183）＞跨文化意识（0.177）＞合作意识（0.133）。结果发现，权重值最大的是学习意识，其次是技术应用意识，权重值最低的是合作意识。

学习意识是数字意识指标中最重要的指标。党的十九大报告指出，新时代中国特色社会主义要求“加快建设学习型社会”。学习型社会是一种全民学习、终身学习的社会，要求人人是学习之人。学习意识对中文教师的自我提升起着关键作用，是提升中文教师数字能力的重要因素。

技术应用意识也是国际中文教师数字能力的重要能力，很多国际中文教师是数字移民，对新技术应用不熟悉，常常回避新技术的应用，技术应用意识不强，因此技术应用意识对中文教师很重要。

数字安全意识是互联网时代中文教师所必须具备的基本能力。互联网+教育时代，国际中文教师所处不同的国家和地区，从事中文教学和社交活动时要有数字安全意识。

跨文化意识是国际中文教师与其他专业教师相比特殊的数字能力。国际中文教师所面对的是世界各国的中文学习者，运用数字工具或平台要帮助学生理解跨文化语境，增强教师的跨文化意识，发展教师的跨文化交际技能。

合作意识也是国际中文教师具备的数字能力。目前国际中文教学具有丰富的数字资源，与同事之间的合作很重要。因此，中文教师要有运用数字工具或平台与同事等开展资源共享、分工协作等方面的意识。

（2）数字知识所含二级指标的权重分析

在数字知识方面，权重值大小排序为：数字技术知识（0.292）＞数字工具知识（0.258）＞数字教学理论知识（0.233）＞数字道德知识（0.217）＞。通过这4个二级指标的权重值可以发现，权重值最大的是数字技术知识，其次是数字工具知识，权重值最低的是数字道德知识。

数字技术知识是国际中文教师数字知识的重要指标。数字化教学是国际中文教学的发展趋势，掌握如何在教学中使用数字技术的知识对国际中文教师在数字知识方面很重要，教师需要了解应用于中文教育领域的数字技术、利用数字技术解决问题、创新教育教学模式等方面的知识。

数字工具知识是国际中文教师使用数字工具必须掌握的知识。国际中文教师需要了解中文教学常见的教学软件、教学设备、网络学习平台、社交软件等数字工具操作方面的知识，才能很好地使用数字工具服务国际中文教学。

数字教学理论知识是国际中文教师进行数字化中文教学的理论基础。国际中文教师需要掌握与数字化教学相关的理论性知识，包括数字化教学理念与价值观念、教学法等方面的知识，才能很好地指导国际中文数字化教学。

数字道德知识是国际中文教师在数字化教学掌握的知识。国际中文教师需要了解所在国家和地区的网络政策、法律、道德准则、资源版权许可和网络礼仪等知识，数字技术教育实践符合所在国家的道德法律要求。

（3）数字技术能力所含二级指标的权重分析

在数字技术能力方面，权重值大小排序为：网络技术（0.278）＞多媒体技术（0.244）＞数字媒体技术（0.222）＞新技术应用（0.144）＞语料库技术（0.111）。结果发现，权重值最大的是网络技术，其次是多媒体技术，权重值最低的是语料库技术。

网络技术是国际中文教师开展线上中文教学和研究的基本数字能力。互联网时代，国际中文教师需要掌握一定网络技术，具备使用网络资源和平台开展教学和研究的能力，才能适应当前的国际中文教育发展。

多媒体技术是国际中文教学最常使用的技术。多媒体技术在国际中文教学使用最多的数字技术，也是国际中文教学最普遍使用的技术，国际中文教师需要具备使用多媒体设备的能力及制作和运用多媒体教学课件的能力。

数字媒体技术是国际中文传播的重要数字技术。国际中文传播是国际中文教育重要的一部分，随着数字媒体的发展，所在国家和地区社会文化和价值观念传播及交流的方式也在发生改变，数字媒体在所在国家和地区社会文化传播中具有重要的影响。国际中文教师需要具备运用所在国家的视频网站、社交媒体等数字媒体开展国际中文教学、传播中华文化的能力。

新技术应用是推动国际中文教学数字化发展的新动力。新技术是推动教育改革发展的新动力，人工智能、5G移动互联网技术、区域连、物联网等新技术促进教育的发展，我们需要将新技术融入和应用到国际中文教学中，国际中文教师需要具备使用新技术或产品进行教学和研究的能力。

语料库技术是国际中文教师使用和构建语料库资源所具备的数字技术。目前国际中文教育领域已经构建了几个大型语料库（如北京语言大学偏误语料库BBC），除此之外国际中文教育平台也具有丰富的数字资源，这为国际中文教学和研究提供了丰富的数字资源。因此，国际中文教师需要掌握收集语料、创建语料库的能力及查找、筛选等使用语料库的能力。

（4）数字教学能力所含二级指标的权重分析

在数字教学能力方面，权重值大小排序为：教学设计（0.317）＞教学组织（0.244）＞教学管理（0.178）＞教学评价（0.144）＞教学反思（0.117）。结果显示，权重值最大的是教学设计，其次是教学组织，权重值最低的是教学反思。

教学设计是指国际中文教师线上教学及线上线下混合教学设计的数字教学能力。教学设计是国际中文教学的重要环节，特别是线上中文教学及线上线下混合教学模式与传统的线下教学设计存在很大的差异，教学过程、方法、策略都有所不同，国际中文教师需要具备利用数字技术辅助中文教学设计的能力。

教学组织是指国际中文教师线上教学及线上线下混合教学组织的数字教学能力。线上中文教学及线上线下混合教学模式与传统的线下教学组织存在很大的差异，国际中文教师需要具备利用数字技术进行教学组织的能力。

教学管理是指国际中文教师线上教学及线上线下混合教学管理的数字教学能力。线上中文教学及线上线下混合教学模式与传统的线下教学管理存在很大的差异，国际中文教师需要具备利用数字技术进行教学管理的能力。

教学评价是指国际中文教师线上教学及线上线下混合教学评价的数字教学能力。线上中文教学及线上线下混合教学模式与传统的线下教学评价存在很大的差异，可以基于线上教学的数据进行教学的过程性评价和结果性评价，国际中文教师需要具备利用数字技术进行教学评价的能力。

教学反思是指国际中文教师线上教学及线上线下混合教学反思的数字教学能力。线上中文教学及线上线下混合教学模式是国际中文教学的新模式，可以利用教育数据进行教学反思，国际中文教师需要具备利用数字技术和工具进行教学反思的能力。

（5）数字研究能力所含二级指标的权重分析

在数字研究能力方面，权重值大小排序为：数字资源获取（0.431）>数字资源应用 （0.306）>数字资源管理（0.264）。结果显示，权重值最大的是数字资源获取，其次是数字资源应用，权重值最低的是数字资源管理。

数字资源获取是指根据研究问题获取数字资源的能力。当前国际中文教育数字资源丰富，包括课程资源、教材资源、数据资源、文献资源等，为国际中文教学研究提供了便利的条件，国际中文教师需要具备根据研究问题获取数字资源的能力。

数字资源应用指根据研究需要运用数字工具对数字资源的分析和处理的能力。当前是国际中文教学转型时期，国际中文教学面临诸多的问题需要进行研究，需要国际中文教师具备利用数字技术和工具对文献和数据等数字资源的分析、处理的能力，满足国际中文发展的需要。

数字资源管理是指使用数字工具管理数字资源的能力。当前国际中文教育具有丰富的数字资源，为了有效地管理自己的数字资源，国际中文教师需要利用文献管理软件、数据管理软件等相关数字工具管理自己的数字资源。

（6）数字教学创新能力所含二级指标的权重分析

在数字教学创新能力方面，权重值大小排序为：数字资源创造（0.289）>教学法创新（0.217）>数字批评思维（0.189）>数字管理创新（0.156）>数字教学环境创设（0.150）。结果显示，权重值最大的是数字资源创造，其次是教学法创新，权重值最低的是数字教学环境创设。

数字资源创造是指能够运用数字技术和工具整合现有中文数字资源，创造适合自己教学所需数字资源的能力。数字资源创造对国际中文教学创新十分重要，目前国际中文教学的数字资源很多，但是要创造适合教学对象的数字资源很少，国际中文教师需要具备一定数字资源创造能力。

教学法创新是指根据线上教学和混合教学的特点，利用数字技术创新中文教学方法的能力。当前国际中文教学转为线上教学，一些传统的线下教学方法已经不能适应新的教学模式，需要创新或改变教学方法才能适应新模式的中文教学，国际中文教师需要具备一定的中文教学方法创新能力。

数字批评思维是指批判性地选择和运用数字资源服务国际中文教学和研究的能力，能正确认识数字技术应用于语言教学的长处与短处。数字批评思维对国际中文教学创新发展很重要，国际中文教师需要具备一定的数字批判思维。

数字管理创新是指将数字技术用于中文教学管理，创新中文教学管理模式和管理手段的能力。当前国际中文教学转为线上教学，在课题管理、学生管理方式和方法与传统的线下教学不同，教师需要数字管理创新，如使用教学APP、平台软件等数字工具管理课题和学生。

数字教学环境创设是指利用数字技术（如VR、AR）将现有的数字资源整合为中文教学所需的虚拟仿真或真实教学情景的能力。语言教学情境有助于学习者学习语言，VR、AR等数字技术可以帮助我们创造中文教学所需的虚拟仿真或真实教学情景，让学习者在这种情境中学习中文，有助学习者学习中文，降低中文学习的难度，增加他们学习中文的兴趣，特别是国外的中文学习者，他们缺少中文学习环境，数字教学环境创设可以弥补这些不足，尽管这些数字技术对教师有一定的难度，但国际中文教师仍需具备一定的数字教学环境创设能力。

（四）国际中文教师数字能力标准模型

依据国际中文教师数字能力标准模型的指标及其权重，本研究构建了国际中文教师数字能力标准模型（见图3–5）。

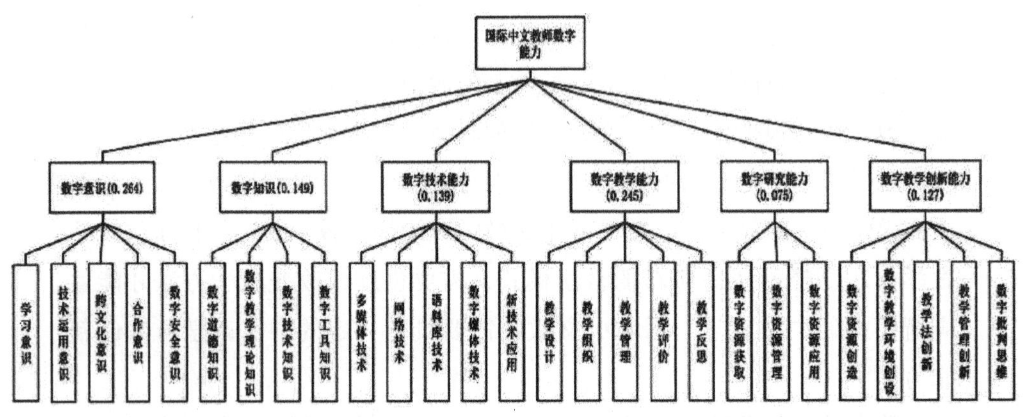

图3–5　国际中文教师数字能力标准模型

本章小结

国际中文教师数字能力标准模型专家验证对标准模型构建十分重要，需要进行多次专家咨询，批判性整合专家意见，同时结合国际中文教学的特点，来构建较为科学合理的标准模型。本章在上一章的研究基础上，采用德尔菲法对初步构建的国际中文教师数字能力标准模型指标及其描述进行验证，通过对国内外13位专家三轮的匿名咨询，分析专家咨询结果和意见，对该标准模型进行修订和验证，最终确定了国际中文教师数字能力标准模型指标及其描述。然后，采用层次分析法确定国际中文教师数字能力标准模型指标的权重，从数字意识、数字知识、数字技术能力、数字教学能力、数字研究能力、数字教学创新能力等六个维度及其下属27个二级指标，构建了国际中文教师数字能力的标准模型。该标准模型可以用于国际中文教师数字能力水平的实证研究，评价国际中文教师数字能力水平，对国际中文教师数字发展具有重要的指导意义。

第四章　国际中文教师数字能力标准模型的实证应用

本章主要是通过国际中文教师数字能力自评问卷，对327名国际中文教师的数字能力进行调查，其目的是对国际中文教师数字能力标准模型进行实证检验，并考察国际中文教师数字能力水平及存在的问题，分析影响国际中文教师数字能力发展的主要因素。

第一节　研究设计

依据国际中文教师数字能力标准模型指标及其描述，设计国际中文教师数字能力自评问卷，通过问卷调查进一步验证国际中文教师数字能力标准模型，研究国际中文教师数字能力水平，分析影响国际中文教师数字能力的影响因素。

一、研究目的

目前国际中文教学模式以线上教学为主，中文教师的数字能力水平任何？哪些数字能力是中文教师所亟需提升的？哪些因素影响国际中文教师数字能力的发展？等等一系列亟需解决的问题。然而，当前国际中文教师数字能力研究较为薄弱，研究大多是国际中文教师多媒体技术、信息技术、数据素养等方面的研究，虽然国际中文教师数字能力与多媒体技术、信息技术、数据素养等方面是有一定关联的，但是数字能力与这些能力在构成维度和构成要素方面存在差异的。因此，本研究依据国际中文教师数字能力标准模型设计问卷，对国际中文教师数字能力水平进行实证研究，其目的是为了进一步从实证研究的视角验证该标准模型，了解国际中文教师数字能力水平，分析影响国际中文教师数字能力发展的主要因素。

二、研究工具

本章主要采用问卷调查法对国际中文教师数字能力进行研究。本问卷是依据国际中文教师数字能力标准模型来设计调查问卷，包括数字意识、数字知识、数字技术能力、数字教学能力、数字研究能力、数字教学创新能力六个维度，依据六个维度下设的27个二级指标描述，对其进行拆解设计了国际中文教师数字能力调查问卷。在问卷编制过程中，先对20位国际中文教师进行小范围试测，结合对部分被试教师的访谈，对问卷进行修订，最后形成正式问卷。问卷采用李克特五级量表的形式，其中1代表完全不符合，2代表不太符合，3代表不确定，4代表符合，5代表完全符合。

调查问卷包括个人基本信息和国际中文教师数字能力水平自评两个部分。第一部分是教师的基本信息，共设计了10道题，旨在了解研究参与者的基本情况，包括教师的所在学校、性别、年龄、学历、最高学历所学专业、职称、国际中文教龄、数字能力培训、所处的数字教学环境、线上教学态度等信息。第二部分是国际中文教师数字能力水平自评，共设计了34道题，旨在了解参与问卷调查国际中文教师的水平（见附录六）。

三、研究对象

1.问卷收集

本次调查的对象包括国内和国外从事国际中文教学的在职教师，通过问卷星发放问卷，共回收问卷330份，对雷同问卷、有规律填写和时间低于120秒的问卷进行清理，最终获得有效问卷327份，有效率99%，其中，国内中文教师275人，占比84.1%，海外本土中文教师52人，占比15.9%，分别来自塔吉克斯坦、亚美尼亚、美国、毛里求斯、吉尔吉斯斯坦等25个国家，被试国际中文教师基本信息如下（见表4–1）：

表4–1 被试国际中文教师基本信息（N=327）

类别		男	百分比	女	百分比
学历	本科	6	7.80%	14	5.60%
	硕士	37	48%	168	67.20%
	博士	34	41.20%	68	27.20%
职称	助教	10	13%	36	14.40%
	讲师	29	37.70%	114	45.60%
	副教授	26	33.70%	45	18%
	教授	4	5.20%	11	4.40%
	无职称	8	10.40%	44	17.60%
中文教龄	3年及以下	19	24.70%	62	24.80%
	4–9年	26	33.70%	78	31.20%
	10年及以上	32	41.60%	110	44%
年龄	21–25岁	4	5.20%	18	7.20%
	26–30岁	8	10.40%	23	9.20%
	31–35岁	17	22.10%	71	28.40%
	36–40岁	21	27.30%	54	21.60%
	41–45岁	10	13%	36	14.40%
	45–50岁	8	10.40%	19	7.60%

续表

类别		男	百分比	女	百分比
年龄	51–55岁	5	6.50%	17	6.80%
	55岁以上	4	5.20%	12	4.80%

2. 研究参与者的专业背景

从研究参与者最高学历的专业情况来看，调查结果显示，汉语国际教育专业人数最多，中国语言文学专业次之，教育学、传播学和心理学专业人数较少，其它专业34人（见图4–1）。

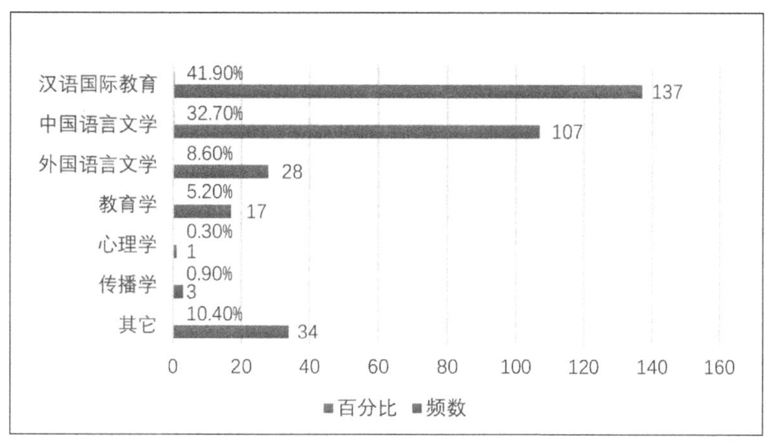

图4–1　研究参与者最高学历的专业情况

第二节　国际中文教师数字能力标准模型的验证

本小节主要从项目分析、问卷的信度和效度、国际中文教师数字能力总体水平及各维度的数字能力等方面验证国际中文教师数字能力标准模型，并对中文教师数字能力自评结果进行研究。

一、项目分析

为了检验国际中文教师数字能力自评问卷题目的合理性与可靠性，本研究对调查数据进行了项目分析，分析结果可作为问卷题目筛选或修改的依据。在项目分析中，通常采用临界比值法和同质性检验作为问卷题目合理与可靠的主要判断标准，进一步验证国际中文教师数字能力标准模型的内容一致性和可靠性。

1.临界比值法

临界比值法需要先计算出问卷题目的总分，然后取所有总分中的前27%作为高分组，后27%作为低分组。采用独立样本t检验方式检验所有题目在两个组上是否存在显著差异。对于未达到显著水平的题项，说明其鉴别度不够，需要进一步修订或删除，反之则可以保留。按照以上项目分析的思路对国际中文教师数字能力自评数据处理后，采用独立样本t检验对数据进行显著性差异分析。如表4-2所示，所有题目（二级构成要素），在$p < 0.01$的置信水平上达到显著，说明国际中文教师数字能力的所有题目暂时无需修改。

表4-2 项目分析结果

二级指标	t	p	二级指标	t	p
学习意识	-12.13	<.001	数字媒体技术1	-12.40	<.001
技术运用意识	-10.50	<.001	数字媒体技术2	-8.11	<.001
跨文化意识1	-5.83	<.001	新技术应用	-13.11	<.001
跨文化意识2	-7.84	<.001	教学设计1	-9.78	<.001
合作意识	-8.91	<.001	教学设计2	-12.00	<.001
数字安全意识1	-9.46	<.001	教学组织	-13.30	<.001
数字安全意识2	-6.74	<.001	教学管理	-13.69	<.001
数字教学理论知识	-14.26	<.001	教学评价	-12.29	<.001
数字道德知识	-9.01	<.001	教学反思	-11.81	<.001
数字技术知识	-13.11	<.001	数字资源获取	-9.36	<.001

续表

二级指标	t	p	二级指标	t	p
数字工具知识	–11.92	＜.001	数字资源管理	–13.92	＜.001
多媒体技术1	–9.44	＜.001	数字资源应用	–12.84	＜.001
多媒体技术2	–10.03	＜.001	数字资源创造	–13.33	＜.001
网络技术1	–12.35	＜.001	数字教学环境创设	–8.45	＜.001
网络技术2	–12.38	＜.001	教学法创新	–9.21	＜.001
语料库技术1	–9.78	＜.001	教学管理创新	–16.26	＜.001

2. 同质性检验

同质性检验可以对个别题目判别和筛选。因此，本研究采用Pearson相关分析法，对每个题目的分值与总分积差相关系数进行分析，如表4–3所示。从相关性的强度来看，当相关系数的绝对值在0.7以上时，我们称之为高相关；当相关系数的绝对值低于0.3时，我们称之为低相关；相关系数的绝对值介于0.3与0.7之间时，我们称之为中相关（许宏晨，2013）。由于每个题目在$p < 0.01$的置信水平上达到显著，并且系数均远大于0.40，表明每个题目与问卷整体之间达到中高度相关。进一步表明，所有国际中文教师数字能力自评题目可以全部保留。

表4–3　相关系数检验情况

二级指标	t	p	二级指标	t	p
学习意识	.752**	＜.001	数字媒体技术1	.601**	＜.001
技术运用意识	.740**	＜.001	数字媒体技术2	.752**	＜.001
跨文化意识1	.493**	＜.001	新技术应用	.725**	＜.001
跨文化意识2	.607**	＜.001	教学设计1	.719**	＜.001
合作意识	.688**	＜.001	教学设计2	.794**	＜.001
数字安全意识1	.605**	＜.001	教学组织	.804**	＜.001
数字安全意识2	.506**	＜.001	教学管理	.807**	＜.001
数字教学理论知识	.759**	＜.001	教学评价	.757**	＜.001
数字道德知识	.606**	＜.001	教学反思	.689**	＜.001

续表

二级指标	t	p	二级指标	t	p
数字技术知识	.771**	＜.001	数字资源获取	.642**	＜.001
数字工具知识	.762**	＜.001	数字资源管理	.758**	＜.001
多媒体技术1	.706**	＜.001	数字资源应用	.747**	＜.001
多媒体技术2	.743**	＜.001	数字资源创造	.784**	＜.001
网络技术1	.755**	＜.001	数字教学环境创设	.581**	＜.001
网络技术2	.773**	＜.001	教学法创新	.648**	＜.001
语料库技术1	.646**	＜.001	教学管理创新	.822**	＜.001
语料库技术2	.622**	＜.001	数字批判思维	.681**	＜.001

（注：**代表皮尔逊相关性在0.01水平（双侧）上显著相关。）

此外，国际中文教师数字能力标准模型的一级指标与数字能力的相关性也可以进一 步验证标准模型内容的一致性。皮尔逊 r 相关分析结果显示，国际中文教师数字能力与 数字意识（r=0.822，$p < 0.05$）、数字知识（r=0.844，$p < 0.05$）、数字技术能力（r=0.919，$p < 0.05$）、数字教学能力（r=0.878，$p < 0.05$）、数字研究能力（r=0.819，$p < 0.05$）、数字教学创新能力（r=0.875，$p < 0.05$）之间存在高度正相关关系（见表4–4）。以上结果表明，国际中文教师数字能力与标准模型的一级指标高度相 关，在内容方面具有高度的内在一致性。

表 4–4　国际中文教师数字能力各维度间的相关性

	1	2	3	4	5	6	7
数字能力	—						
数字意识	0.822***	—					
数字知识	0.844***	0.620***	—				
数字技术能力	0.919***	0.718***	0.758***	—			
数字教学能力	0.878***	0.662***	0.715***	0.807***	—		
数字研究能力	0.819***	0.621***	0.538***	0.707***	0.637***	—	
数字教学创新能力	0.875***	0.692***	0.716***	0.764***	0.704***	0.649***	—

（注：***代表皮尔逊相关性在0.001水平（双侧）上显著相关，N=327。）

通过对国际中文教师数字能力标准模型指标的项目分析，利用本次问卷调查数据，采用采用临界比值法和同质性检验两种方法，进一步验证了国际中文教师数字能力标准模型的内容一致性和可靠性。

二、问卷的信度和效度

1.问卷的信度

信度是指测验结果的可靠性和稳定性。采用克伦巴赫a系数作为信度检验标准，一般认为Cronbach's值>=0.70时，属于高信度。采用JAMOVI数据统计分析软件对问卷进行可靠性检验，问卷总体a系数为0.947，各维度Cronbach's值均> 0.70（见表4–5），属于高信度，这表明本问卷所使用的自评量表具有较高的内部一致性。

表4–5　问卷各维度的信度（N=327）

维度	项目数	信度系数
数字意识	7	0.92
数字知识	4	0.91
数字技术能力	9	0.90
数字教学能力	6	0.91
数字研究能力	3	0.92
数字教学创新能力	5	0.91

2.问卷的效度

（1）问卷的内容效度

在本研究中，标准模型的指标是基于国内外教师数字能力标准或框架共同关注的指标，并结合国际中文教学的学科特点构建的，经过国内权威专家验证和修订，最终确立的。问卷是基于标准模型指标和二级指标的描述设计的，在正式调查前进行小范围的测试和正式测试中被试者都有较好的反馈。以上内容表明，该问卷具有较高的内容效度。

（2）问卷的结构效度

为了进一步验证问卷的结构效度，本研究采用JAMOVI数据统计分析软件分析问卷的结构效度，采用验证性因子分析来检验问卷的结构效度。分析结果显示，Bartlett球形检验的$\chi 2$值为1444（自由度为527），$p < 0.001$，表明在$p < 0.001$的置信水平上有显著性差异，累积解释变量为81.6%，远超过60%。问卷的34道题项，$p < 0.001$，表明在$p < 0.001$的置信水平上有显著性差异（见表4–6）。以上情况表明，该问卷的自评量表结构效度较好。

表4–6　问卷二级指标因子分析结果

二级指标	Estimate	SE	Z	p
学习意识	0.52	0.04	13.47	＜.001
技术运用意识	0.57	0.05	11.75	＜.001
跨文化意识1	0.39	0.04	8.69	＜.001
跨文化意识2	0.25	0.04	6.48	＜.001
合作意识	0.44	0.04	11.1	＜.001
数字安全意识1	0.44	0.05	9.09	＜.001
数字安全意识2	0.26	0.04	6.71	＜.001
数字教学理论知识	0.63	0.05	13.2	＜.001
数字道德知识	0.44	0.05	9.29	＜.001
数字技术知识	0.66	0.05	13.84	＜.001
数字工具知识	0.55	0.04	13.95	＜.001
多媒体技术1	0.46	0.04	10.77	＜.001
多媒体技术2	0.42	0.04	12.02	＜.001
网络技术1	0.62	0.04	14.51	＜.001
网络技术2	0.55	0.04	13.56	＜.001
语料库技术1	0.55	0.06	9.17	＜.001
语料库技术2	0.50	0.05	9.77	＜.001
数字媒体技术1	0.60	0.05	13	＜.001

续表

二级指标	Estimate	SE	Z	p
数字媒体技术2	0.47	0.05	9.08	<.001
新技术应用	0.62	0.05	12.16	<.001
教学设计1	0.45	0.04	12.23	<.001
教学设计2	0.52	0.04	14.65	<.001
教学组织	0.60	0.04	14.75	<.001
教学管理	0.63	0.04	15.54	<.001
教学评价	0.57	0.04	13.35	<.001
教学反思	0.56	0.05	11.16	<.001
数字资源获取	0.49	0.05	9.31	<.001
数字资源管理	0.65	0.05	12.77	<.001
数字资源应用	0.57	0.05	12.36	<.001
数字资源创造	0.63	0.05	13.71	<.001
数字教学环境创设	0.49	0.06	8.58	<.001
教学法创新	0.46	0.05	9.81	<.001
教学管理创新	0.64	0.04	14.82	<.001
数字批判思维	0.43	0.04	10.87	<.001

三、总体水平

1.均值比较

调查结果显示，国际中文教师能力六个维度中，数字意识指标的均值得分最高，数字技术能力指标的均值得分次之，数字教学创新能力指标的均值得分最低（见表4–7）。

表4–7　国际中文教师数字能力各维度的均值

一级指标	N	均值	标准差
数字意识	327	3.95	0.52
数字技术能力	327	3.68	0.58

续表

一级指标	N	均值	标准差
数字研究能力	327	3.65	0.77
数字教学能力	327	3.63	0.66
数字知识	327	3.44	0.69
数字教学创新能力	327	3.33	0.63

2. 单样本t检验

我们将国际中文教师数字能力六个维度得分均值与中间值3（表示"不确定"）进行对比，单样本t检验结果显示，研究参与者在数字意识、数字知识、数字技术能力、数字教学能力、数字研究能力和数字教学创新能力上的得分均显著高于中间值（见表4-8）。

表4-8　单样本t检验

一级指标	检验值=3			
	t	df	sig.（双侧）	均值差值
数字意识	33.17	326.00	＜0.001	0.95
数字知识	11.56	326.00	＜0.001	0.44
数字技术能力	21.23	326.00	＜0.001	0.68
数字教学能力	17.35	326.00	＜0.001	0.63
数字研究能力	15.20	326.00	＜0.001	0.65
数字教学创新能力	9.41	326.00	＜0.001	0.33

3. 国际中文教师数字能力水平自评结果

（1）数据的加权说明

在给国际中文教师数字能力的指标计分时，由于教师数字能力的指标具有不同的功能作用，这就决定了不同指标在整个自评问卷中的权重值。因此，在对国际中文教师数字能力整体水平评价时，不能简单地对各维度的得分来衡量教师数字能力得分的高低，而是需要根据上一章研究获得标准模型指标的权重，对各维度的数据进行加权，算出准确、合理的国际中文教师数字能力得分。依据各维度的权重，呈现了几位教师数字能力在各维度的均值及权重计算结果（见表4–9）。

表4–9　国际中文教师数字能力自评加权得分表

一级指标	权重	T1	T2	T3	TN
数字意识	0.264	4.00	4.57	4.00	3.29
数字知识	0.149	3.50	4.00	2.00	3.00
数字技术能力	0.139	3.22	4.56	3.67	3.11
数字教学能力	0.245	3.60	3.80	3.60	3.00
数字研究能力	0.075	4.00	4.33	4.33	3.67
数字教学创新能力	0.127	3.20	4.00	3.00	2.60
合计	1.00	3.61	4.20	3.45	3.09

综上所述，按照这种依据标准模型加权的数据计算方法，以此类推，我们可以算出每位研究参与者的数字能力自评加权得分，最后算出国际中文教师数字能力自评加权得分为3.67（见表4–10）。从样本的整理来看，国际中文教师数字能力水平较好。

表4–10　国际中文教师数字能力自评加权得分

一级指标	权重	均值
数字意识	0.264	3.95
数字知识	0.149	3.68
数字技术能力	0.139	3.65
数字教学能力	0.245	3.63
数字研究能力	0.075	3.44
数字教学创新能力	0.127	3.33
合计	1.00	3.67

四、各维度的水平

1. 数字意识

调查结果显示，国际中文教师数字意识五个二级指标的7道题项，均值得分最高的是数字安全意识1，即“我自觉遵守所在国家和地区的网络政策、法律和道德准则”；跨文化意识1的均值得分次之，即“我与学生和所在国家社区居民线上交流时有跨文化意识”；得分最低的是技术运用意识，即“我具有主动使用数字技术（如多媒体技术、网络技术、大数据、AI、VR等）开展中文教学和研究的意识”（见表4–11）。

表4–11　数字意识指标得分的均值

二级指标	N	均值	标准差
数字安全意识1	327	4.43	0.72
跨文化意识1	327	4.22	0.70
跨文化意识2	327	4.00	0.84
合作意识	327	3.91	0.77
学习意识	327	3.87	0.78
数字安全意识1	327	3.69	0.91
技术运用意识	327	3.52	0.95

2. 数字知识

调查结果显示，国际中文教师数字知识四个二级指标中，得分最高的是数字工具知识，即“我了解中文教学常见的教学软件、教学设备、网络学习平台、社交软件等数字工具操作方面的知识”；数字道德知识指标的得分次之，即“我了解所在国家和地区的网络政策、法律、道德准则、资源版权许可和网络礼仪知识”；得分最低的是数字教学理论知识，即“我已掌握与数字化教学相关的理论性知识，如数字化教学理念、教学法等方面的知识”（见表4–12）。

表4-12　数字知识指标得分的均值

二级指标	N	均值	标准差
数字工具知识	327	3.74	0.79
数字道德知识	327	3.51	0.90
数字技术知识	327	3.27	0.96
数字教学理论知识	327	3.24	0.96

3. 数字技术能力

调查结果显示，国际中文教师数字技术能力五个二级指标中，得分最高的是多媒体技术，即“在中文教学中，我能够熟练使用多媒体设备”和“我能够熟练使用多媒体技术制作和应用教学课件”；得分最低的是新技术应用，即“我能够使用新技术（如大数据分析技术、人工智能、虚拟现实技术等）或产品进行中文教学和研究”（见表4-13）。

表4-13　数字技术能力指标得分的均值

二级指标	N	均值	标准差
多媒体技术2	327	4.12	.69
多媒体技术1	327	4.07	.82
网络技术1	327	3.82	.82
数字媒体技术1	327	3.81	.97
数字媒体技术2	327	3.77	.92
网络技术2	327	3.71	.88
语料库技术2	327	3.67	.96
语料库技术1	327	3.33	1.12
新技术应用	327	2.85	1.01

4. 数字教学能力

调查结果显示，国际中文教师数字教学能力五个二级指标中，得分最高的是教学设计，即“我能够依据数字教学模式（如线上教学、混合式教学）选择教学策略”和“我能够利用数字技术（如多媒体技术、网络技术）和数字工具设计线上教学活动”；得分最低的是教学反思，即“我能够运用数字技术和工具（如电子学习档案E-portfolio、教学视频等）进行教学反思”（见表4-14）。

表4-14 数字教学能力指标得分的均值

二级指标	N	均值	标准差
教学设计2	327	3.97	0.72
教学设计1	327	3.93	0.73
教学组织	327	3.73	0.83
教学评价	327	3.71	0.86
教学管理	327	3.65	0.85
教学反思	327	3.09	0.98

5.数字研究能力

调查结果显示，国际中文教师数字研究能力三个二级指标中，得分最高的是数字资源获取，即“我能够使用数字资源库（如BCC语料库、中国知网）或互联网获取所需的数字资源（如文献、数据）”；数字资源应用得分次之，即“我能够利用数字工具有效运用数字资源进行国际中文教育研究，如文献、数据的分析和处理”；得分最低的是数字资源管理，即“我能够使用数字工具（如Note-Express、Excel、Access）有效管理我的数字资源”（见表4-15）。

表4-15 数字研究能力指标得分的均值

二级指标	N	均值	标准差
数字资源获取	327	3.99	.994
数字资源应用	327	3.61	.917
数字资源管理	327	3.35	1.021

6.数字教学创新能力

调查结果显示，国际中文教师数字教学创新能力五个二级指标中，得分最高的是数字批判思维，即“我能够批判性地选择和运用数字资源服务国际中文教学和研究，能正确认识数字技术应用于语言教学的长处与短处”；教学法创新得分次之，即“我能够根据线上教学和混合教学的特点，利用数字技术创新中文教学法”；得分最低的是数字教学环境创设，即“我能够利用数字技术（如虚拟现实VR、增强现实AR）将现有的数字资源整合为中文教学所需的虚拟仿真或真实教学情景”（见表4-16）。

表4-16　数字教学创新能力指标得分的均值

二级指标	N	均值	标准差
数字批判思维	327	3.81	0.77
教学法创新	327	3.50	0.90
教学管理创新	327	3.48	0.89
数字资源创造	327	3.45	0.93
数字教学环境创设	327	2.40	1.06

第三节　国际中文教师数字能力影响因素分析

本小节主要从年龄、性别、学历、教龄、培训、数字环境和线上教学态度等因素分析国际中文教师数字能力的主要影响因素。

一、年龄

我们按照年龄将研究参与者分为8组：21–25岁、26–30岁、31–35岁、36–40岁、41–45岁、46–50岁、51–55岁、55岁以上，8组研究参与者在国际中文教师数字能力各维度的得分见表4-17。

表4-17 各年龄组国际中文教师数字能力各维度的均值

年龄组	N	数字意识	数字知识	数字技术能力	数字教学能力	数字研究能力	数字教学创新能力
21–25岁	22	3.92	3.36	3.65	3.59	3.83	3.20
		（0.49）	（0.80）	（0.55）	（0.48）	（0.61）	（0.54）
26–30岁	31	4.00	3.54	3.76	3.66	3.80	3.35
		（0.50）	（0.63）	（0.55）	（0.66）	（0.75）	（0.60）
31–35岁	88	3.95	3.43	3.72	3.65	3.59	3.32
		（0.48）	（0.67）	（0.53）	（0.62）	（0.76）	（0.59）
36–40岁	75	3.97	3.41	3.67	3.59	3.75	3.32
		（0.48）	（0.67）	（0.57）	（0.65）	（0.68）	（0.69）
41–45岁	46	3.85	3.30	3.66	3.59	3.57	3.13
		（0.53）	（0.69）	（0.57）	（0.67）	（0.79）	（0.66）
46–50岁	27	3.98	3.49	3.64	3.64	3.59	3.40
		（0.74）	（0.75）	（0.81）	（0.91）	（0.98）	（0.71）
51–55岁	22	4.05	3.49	3.65	3.78	3.53	3.45
		（0.5）	（0.82）	（0.61）	（0.64）	（0.82）	（0.61）
55岁以上	16	3.85	3.53	3.58	3.6	3.40	3.19
		（0.53）	（0.63）	（0.66）	（0.69）	（0.90）	（0.76）

单因素方差分析结果显示，各年龄组研究参与者之间在国际中文教师数字能力各维度的得分差异不显著（见表4–18）。

表4-18 数字能力与年龄的单因素方差分析

一级指标	F	df1	df2	P
数字意识	0.51	7	319	0.83
数字知识	0.26	7	319	0.97
数字技术能力	0.25	7	319	0.97
数字教学能力	0.25	7	319	0.97
数字研究能力	1.00	7	319	0.43

续表

一级指标	F	df1	df2	P
数字教学创新能力	0.93	7	319	0.48

二、学历

我们将研究参与者分为3组：本科组、硕士和博士组，3组研究参与者在国际中文教师数字能力各维度的得分见表4–19。整体来看，3组在数字能力各维度的均值得分呈现出博士>硕士>本科的态势。

表4–19 各学历组在国际中文教师数字能力各维度的均值

学历	N	数字意识	数字知识	数字技术能力	数字教学能力	数字研究能力	数字教学创新能力
本科	20	3.81	3.45	3.59	3.58	3.23	3.25
		（0.50）	（0.54）	（0.49）	（0.51）	（0.79）	（0.57）
硕士	205	3.95	3.44	3.67	3.65	3.58	3.29
		（0.49）	（0.67）	（0.55）	（0.60）	（0.75）	（0.63）
博士	102	4.00	3.43	3.72	3.60	3.86	3.32
		（0.57）	（0.74）	（0.66）	（0.78）	（0.75）	（0.68）

单因素方差分析结果显示，各学历组研究参与者之间在数字意识、数字知识数字技术能力、数字教学能力、数字教学创新能力的得分差异不显著，在数字研究能力方面的得分差异显著（$F(2, 324)=7.87$，$p < 0.05$），多重比较之后，结果发现博士组研究参与者的得分显著高于本科组和硕士组的得分（见表4–20）。

表4–20 数字能力与学历的单因素方差分析

一级指标	F	df1	df2	P
数字意识	1.22	2	324	0.30
数字知识	0.01	2	324	0.99
数字技术能力	0.50	2	324	0.61

续表

一级指标	F	df1	df2	P
数字教学能力	0.28	2	324	0.76
数字研究能力	7.87	2	324	＜0.001
数字教学创新能力	0.11	2	324	0.89

三、性别

在性别方面，研究参与者女性人数较多，男性人数较少，研究参与者在国际中文教师数字能力各维度的得分差异不大，详细情况见表4–21。

表4–21　国际中文教师在性别方面数字能力各维度的均值

性别	N	数字意识	数字知识	数字技术能力	数字教学能力	数字研究能力	数字教学创新能力
男	77	3.93	3.46	3.64	3.56	3.64	3.31
		（0.57）	（0.70）	（0.58）	（0.69）	（0.76）	（0.68）
女	250	3.95	3.43	3.70	3.65	3.65	3.30
		（0.50）	（0.68）	（0.58）	（0.65）	（0.77）	（0.63）

单因素方差分析结果显示，在性别方面，研究参与者在国际中文教师数字能力各维度之间的得分差异不显著（见表4–22）。

表4–22　数字能力与性别的单因素方差分析

一级指标	F	df1	df2	P
数字意识	0.16	1	325	0.69
数字知识	0.10	1	325	0.75
数字技术能力	0.46	1	325	0.50
数字教学能力	1.28	1	325	0.26
数字研究能力	0.02	1	325	0.90
数字教学创新能力	0.01	1	325	0.92

四、教龄

我们将研究参与者按国际中文教龄分为3组：3年以下（含3年）、4–9年和10年以上（含10年），3年以下和10年以上的研究参与者数字能力的得分大多略高于4–9年的研究参与者，3组研究参与者在数字能力各维度的得分详细情况见表4–23。

表4–23　国际中文教师各教龄组在数字能力各维度的均值

教龄	N	数字意识	数字知识	数字技术能力	数字教学能力	数字研究能力	数字教学创新能力
3年以下	81	3.99	3.41	3.67	3.53	3.68	3.30
		（0.57）	（0.78）	（0.63）	（0.71）	（0.82）	（0.65）
4–9年	104	3.88	3.43	3.66	3.60	3.54	3.28
		（0.47）	（0.64）	（0.50）	（0.60）	（0.77）	（0.56）
10年以上	142	3.97	3.46	3.71	3.71	3.7	3.31
		（0.52）	（0.67）	（0.61）	（0.66）	（0.73）	（0.69）

单因素方差分析结果显示，在教龄方面，研究参与者在国际中文教师数字能力各维度之间的得分差异不显著（见表4–24）。

表4–24　数字能力与教龄单因素方差分析

一级指标	F	df1	df2	P
数字意识	1.17	2	324	0.31
数字知识	0.12	2	324	0.89
数字技术能力	0.25	2	324	0.78
数字教学能力	2.16	2	324	0.12
数字研究能力	1.44	2	324	0.24
数字教学创新能力	0.07	2	324	0.94

五、培训

1.国际中文教师数字能力培训情况

本研究通过问卷调查了解国际中文教师数字能力的培训情况，调查结果显示，通过自学提升自我数字能力人数最多，参加学校组织的短期培训人数次之，排在第三位的是参加数字能力相关专业课程的培训，没参加任何培训的有30人（见图4–2）。

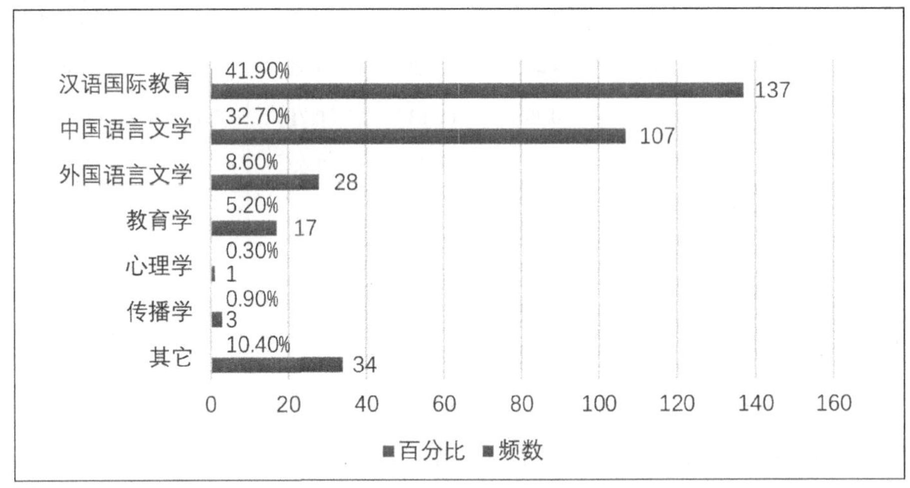

图4–2 国际中文教师数字能力培训情况

2.均值比较

为了了解参加专业课程培训与没参加任何培训的研究参与者在数字能力方面的得分情况，本研究对两种研究参与者数字能力得分进行了统计，整体来看，参加专业课程培训的研究参与者在数字能力各维度的得分高于没参加任何培训的研究参与者，详情见表4–25。

表4-25　课程培训情况的均值

课程培训	N	数字意识	数字知识	数字技术能力	数字教学能力	数字研究能力	数字教学创新能力
参加过	144	4.05	3.56	3.81	3.73	3.86	3.47
		（0.46）	（0.67）	（0.56）	（0.62）	（0.66）	（0.63）
没参加	30	3.64	3.03	3.46	3.29	3.33	2.79
		（0.52）	（0.76）	（0.62）	（0.67）	（0.74）	（0.67）

3.单因素方差分析

单因素方差分析结果显示，参加专业课程培训的研究参与者与没参加任何培训的参与者在数字意识、数字知识、数字技术能力、数字教学能力、数字研究能力、数字教学创新能力的得分差异显著，在多重比较之后，结果发现参加专业课程培训的研究参与者数字能力的得分显著高于没参加任何培训的参与者的得分（见表4-26）。

表4-26　数字能力与课程培训的单因素方差分析

一级指标	F	df1	df2	P
数字意识	15.93	1	172	＜0.001
数字知识	14.51	1	172	＜0.001
数字技术能力	9.30	1	172	＜0001
数字教学能力	12.00	1	172	＜0.001
数字研究能力	15.06	1	172	＜0.001
数字教学创新能力	27.71	1	172	＜0.001

六、数字教学环境

1.数字教学环境情况

本研究通过问卷调查了解国际中文教学的数字环境情况，调查结果显示，一半以上的研究参与者认为自己所在数字教学环境较好，40%左右的研究参与者认为自己所在数字教学环境一般，只有少数人认为自己所在数字教学环境比较差或者很差（见图4-3）。

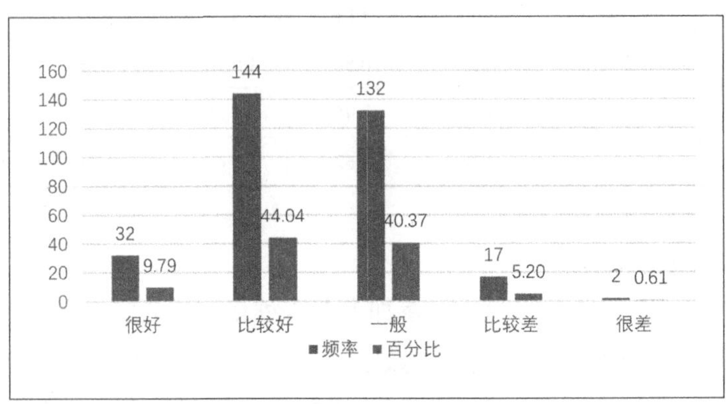

图4-3　国际中文数字教学环境情况

2.均值比较

为了解研究参与者对数字教学环境选择“好”和“不好”的教师在数字能力方面是否有显著差异，我们将1项和2项、4项和5项分别两两合并为“好”和“不好”，除去中间项“3”，选择“好”和“不好”的研究参与者在数字能力各维度的均值情况　（见表4-27）。

表4-27　数字教学环境的均值情况

数字环境	N	数字意识	数字知识	数字技术能力	数字教学能力	数字研究能力	数字教学创新能力
好	165	4.11	3.65	3.87	3.83	3.90	3.49
		（0.50）	（0.68）	（0.58）	（0.65）	（0.68）	（0.62）
不好	31	3.64	3.11	3.31	3.17	3.13	2.94
		（0.53）	（0.64）	（0.65）	（0.66）	（0.79）	（0.72）

3.单因素方差分析

单因素方差分析结果显示，自认为数字教学环境“好”的研究参与者与自认为数字教学环境“不好”的研究参与者在数字意识、数字知识、数字技术能力、数字教学能力、数字研究能力、数字教学创新能力的得分差异显著，在多重比较之后，结果发现自认为数字教学环境“好”的研究参与者数字能力的得分显著高于自认为数字教学环境“不好”的研究参与者（见表4–28）。

表4–28　数字能力与数字环境的单因素方差分析

一级指标	F	df1	df2	P
数字意识	23.80	1	194	＜0.001
数字知识	16.34	1	194	＜0.001
数字技术能力	23.79	1	194	＜0.001
数字教学能力	26.54	1	194	＜0.001
数字研究能力	32.00	1	194	＜0.001
数字教学创新能力	19.65	1	194	＜0.001

七、线上教学态度

1.数字教学环境情况

本研究通过问卷调查了解国际中文教师对线上教学的态度情况，调查结果显示，一半的研究参与者非常喜欢或比较喜欢线上教学，40%左右的研究参与者对线上教学的态度一般，只有少数人不喜欢或非常不喜欢线上教学（见图4–4）。

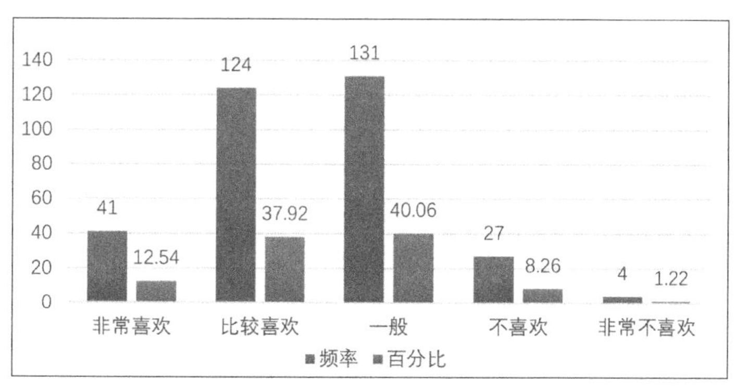

图4–4　国际中文教师对线上教学的态度情况

2.均值比较

为了解研究参与者对线上教学态度选择“喜欢”和“不喜欢”的教师在数字能力方面是否有显著差异，我们将1项和2项、4项和5项分别两两合并为“喜欢”和“不喜欢”，除去中间项“3”，选择“喜欢”和“不喜欢”的研究参与者在数字能力各维度的均值情况（见表4-29）。

表4-29 线上教学态度的均值情况

线上教学态度	N	数字意识	数字知识	数字技术能力	数字教学能力	数字研究能力	数字教学创新能力
喜欢	176	4.02	3.54	3.78	3.73	3.75	3.43
		（0.50）	（0.69）	（0.56）	（0.65）	（0.73）	（0.65）
不喜欢	19	3.65	3.14	3.40	3.25	3.25	2.80
		（0.52）	（0.59）	（0.53）	（0.54）	（0.95）	（0.71）

3.单因素方差分析

单因素方差分析结果显示，“喜欢”线上教学的研究参与者与“不喜欢”线上教学的研究参与者在数字意识、数字知识、数字技术能力、数字教学能力、数字研究能力、数字教学创新能力的得分差异显著，在多重比较之后，结果发现“喜欢”线上教学的研究参与者数字能力的得分显著高于“不喜欢”线上教学的研究参与者（见表4-30）。

表4-30 数字能力与线上教学态度的单因素方差分析

一级指标	F	df1	df2	P
数字意识	9.11	1	193	0.003
数字知识	5.71	1	193	0.018
数字技术能力	7.92	1	193	0.005
数字教学能力	9.64	1	193	0.002
数字研究能力	7.63	1	193	0.006
数字教学创新能力	15.80	1	193	< 0.001

第四节　结果分析

本节主要从两个方面分析国际中文教师数字能力：一是国际中文教师数字能力的总体情况，二是影响国际中文教师数字能力的因素。通过数据来分析国际中文教师数字能力的薄弱点，探索影响国际中文教师数字能力发展的主要影响因素。

一、国际中文教师数字能力的总体情况

根据问卷调查结果分析，国际中文教师数字能力总体较好（M=3.61，SD=0.55），数字能力的各维度的得分显著高于中间值3，其中数字意识得分最高，数字教学创新能力得分最低，国际中文教师各维度的数字能力发展不均衡，各维度之间的得分存在显著差异，部分数字能力需要提升。

1.数字意识

从样本调查的数据来看，研究参与者的数字意识（M=3.95，SD=0.52）得分最高，这表明国际中文教师整体数字意识较强，具有较强的数字安全意识、跨文化意识、合作意识、学习意识及技术运用意识。古人云“意根之动，谓之意识”。意识对人的行为具有重要的作用，较强的数字意识将有助于国际中文教师数字能力的发展。但研究参与者的数字意识水平存在一定的差异，特别是技术运用意识方面，国际中文教师在主动使用数字技术服务中文教学和研究的意识需要进一步加强。

2.数字知识

调查结果显示，研究参与者的数字知识（M=3.44，SD=0.69）得分不高，在六个维度中排名第五位，这表明国际中文教师数字知识有待进一步提升。数字知识四个方面发展不均衡，由于2020年线上教学实践，教师对国际中文教学常见的教学软件、教学设备、网络学习平台、社交软件等数字工具操作方面的知识掌握较好，但在数字教学理论知识和数字技术知识掌握较为薄弱，特别是在适应线上教学新模式方面，教师的数字化教学

理念、教学法等方面的数字教学理论性知识欠缺。

3. 数字技术能力

研究参与者的数字技术能力的得分（M=3.68，SD=0.58）仅次于数字意识，表明国际中文教师数字技术整体较好，这与前期的国际中文教师数字能力现状调查结果一致，但存在数字技术能力发展不均衡，教师中文教学经常使用的多媒体设备、使用多媒体技术制作和应用教学课件等多媒体技术掌握较好，对线上教学所需的网络技术和中文教学和文化传播的数字媒体技术掌握也不错，但是对检索和自建语料库技术和数据分析技术、人工智能、虚拟现实技术等新技术或产品进行中文教学和研究的数字技术能力较为薄弱。

4. 数字教学能力

研究参与者的数字教学能力的得分（M=3.63，SD=0.66）介于六个维度中间，均值远大于中间值“3”，表明国际中文教师数字技术整体较好，数字教学能力是专家认可度最高的指标，也是教师必须掌握的重要指标，但存在数字教学能力发展不均衡，中文教师对线上教学策略选择及利用数字技术和工具设计线上教学活动等教学设计能力掌握较好，对线上教学组织、教学评价和教学管理技术掌握也不错，但是在运用数字技术和工具进行教学反思的数字技术能力较为薄弱。

5. 数字研究能力

研究参与者的数字教学能力的得分（M=3.66，SD=0.77）介于六个维度中间，均值远大于中间值“3”，表明国际中文教师数字研究整体较好，但存在数字研究能力发展不均衡，中文教师对使用数字资源库（如BCC语料库、中国知网）或互联网获取所需的数字资源（如文献、数据）等数字资源获取能力掌握较好，对利用数字工具有效运用数字资源进行国际中文教育研究技术掌握也不错，但是在使用数字工具（如Note-Express、Excel、Access）有效管理我的数字资源的数字技术能力较为薄弱。

6. 数字教学创新能力

研究参与者的数字教学能力的得分（M=3.33，SD=0.63）最低，表明国际中文教师数字研究整体一般，存在数字研究能力发展不均衡，中文教师够批判性地选择和运用数字资源服务国际中文教学和研究，对利用数字技术创新中文教学法的能力掌握也不错，但是数字教学环境创设的得分（M=2.40，SD=1.06）较低，在运用数字技术（如虚拟现实VR、增强现实AR）将现有的数字资源整合为中文教学所需的虚拟仿真或真实教学情景方面的能力较为薄弱。

二、影响国际中文教师数字能力的因素

1. 年龄

根据现实的教师实践和研究发现，教师的信息技术应用能力与其年龄有紧密关系，如张菲菲（2015）研究发现，在智慧技术支持下的教学技能发展方面，青年教师明显高于中年教师。Guerrero et al（2020）对西班牙休达自治市153名义务中等教育、高中教育、职业教育和语言教学硕士等职前教师数字能力现状研究，结果发现年龄因素是影响他们数字能力的重要因素。本研究发现，各年龄段的研究参与者在数字能力各维度的得分差异不显著，这与张菲菲（2015）、Guerrero et al（2020）的研究结果不一致。原因可能是：线上国际中文教学已经开展一年了，教师通过教学和研究实践，教师的数字能力普遍得到提升导致。

2. 性别

受传统观念以及部分研究的影响，普遍认为男女教师的数字技术能力有较大差异，如马宗培（2018）研究发现男性教师与女性教师在信息技术能力方面存在显著差异。郑旭东（2019）研究发现中小学男性教师与女性教师在数字胜任力方面主效应不显著，仅个别指标得分差异显著。在国际中文教师行业中，女性教师在数量上明显多于男性教师，本次调查样本中，女性教师250人（占比76.5%），男性教师77人（占比23.5%），调查结果显示，国际中文教师数字能力在性别方面的得分差异不显著，这与马宗培（2018）、郑旭东（2019）研究的结果不完全一致。

3. 教龄

教师的数字能力相关研究中，教龄常作为一个研究变量进行研究。

Guerrero et al（2020）研究结果发现教龄与教师的数字能力存在显著差异。本研究发现，研究参与者的国际中文教龄在数字能力各维度的得分差异不显著，这与Guerrero et al（2020）的研究结果不一致。原因可能是线上国际中文教学已经开展一年了，中文教师通过教学和研究实践，教师的数字能力普遍得到提升导致。

4.学历

学历因素也是教师数字能力差异研究的一个方面，韩锡斌等（2018）及国外学者Syh–Jong Jang（2016）研究发现获得博士学位的教师与本科和硕士学历的教师信息化水平均有显著差异。本研究发现，研究参与者的学历仅在数字研究能力方面的得分差异显著（$F(2, 324)=7.87$，$p < 0.05$），在其他维度数字能力的得分差异不显著，各维度的得分基本呈现出博士＞硕士＞本科的态势，这与韩锡斌等（2018）、Syh–Jong Jang（2016）的研究结果不完全一致。

5.培训

数字能力培训对国际中文教师数字能力水平起着十分重要的作用。本研究发现，数字能力专业课程培训显著影响国际中文教师数字能力水平，参加数字能力相关专业课程培训的研究参与者数字能力在各维度的得分显著高于没参加任何培训的研究参与者。这与Laskaris et al（2017）、Belmonte et al（2019）、Artacho et al，2020等人的研究结果一致。这说明专业课程培训对国际中文教师数字能力提升具有重要作用，甚至可以克服其它影响因素给教师数字能力发展带来的阻力。

6.数字教学环境

本研究发现数字教学环境影响国际中文教师数字能力水平。研究结果显示，数字教学环境显著影响国际中文教师数字能力水平，数字教学环境好的研究参与者数字能力在各维度的得分显著高于数字教学环境不好的研究参与者。原因可能是因为：一是好的数字教学环境教学效果较好，可以充分体现数字技术服务教学的优势；二是教师喜欢在好的数字教学环境授课，享受利用数字技术给教学带来的挑战，激发教师数字化教学的潜能。

7.线上教学态度

本研究发现线上教学态度影响国际中文教师数字能力水平。研究结果显示，线上教学态度显著影响国际中文教师数字能力水平，喜欢线上教学的研究参与者数字能力在各维度的得分显著高于不喜欢线上教学的研究参与者。原因可能是因为：一是国际中文教师已经适应了线上教学新模式，改变了他们对线上教学的观念，并逐渐喜欢上了线上中文教学；二是国际中文教师数字意识较高，主动学习数字技术，激励他们提升自身的数字能力，以适应未来国际中文数字化教学发展趋势。

本章小结

本章采用问卷调查法对国际中文教师数字能力进行实证研究，依据此标准模型及二级指标的描述，设计了国际中文教师数字能力自评问卷，对327名国际中文教师的数字能力自评结果进行调查研究。

首先，在国际中文教师数字能力标准模型验证方面，研究结果显示该标准模型的内容效度和结构效度都很高，适合开展国际中文教师数字能力自评调查研究。其次，在国际中文教师数字能力水平方面，研究结果发现国际中文教师数字能力整体水平较高，但是国际中文教师数字能力发展不均衡，新技术应用、数字教学环境创设等部分数字能力需要提升。第三，在国际中文教师数字能力影响因素方面，研究结果发现：（1）年龄、性别和教龄学历因素对国际中文教师数字能力影响差异不显著；（2）学历因素仅在数字研究能力方面的得分差异显著，其它维度的数字能力得分差异不显著；（3）国际中文教师数字能力与培训、数字环境和线上教学态度等因素的得分差异显著。通过以上分析，影响国际中文教师数字能力发展的主要因素是培训、数字环境和线上教学态度。

本章的研究结果对国际中文教师数字能力培养和发展具有实践指导意义，为构建国际中文教师数字能力标准和评价体系提供借鉴和参考。

第五章　国际中文教师数字能力发展存在的问题及对策建议

本章主要归纳国际中文教师数字发展存在的主要问题，根据研究中发现的问题，对国际中文教师数字能力发展提出几点对策建议。

第一节　国际中文教师数字能力发展存在的主要问题

本小节将结合上述国际中文教师数字能力的研究，归纳总结国际中文教师数字能力发展存在的主要问题。

一、国际中文教师数字能力发展不均衡

在国际中文教师数字能力水平方面，通过国际中文教师数字能力现状调查和标准模型的实证研究，结果发现国际中文教师数字能力整体水平较高，数字能力的各维度的得分显著高于中间值“3”，但是国际中文教师数字能力发展不均衡，其中数字意识得分最高，数字教学创新能力得分最低，特别是新技术应用、数字教学环境创设、利用数据分析软件能力、编程知识等部分数字能力较为薄弱。

二、数字技术观念有待转变

研究发现，国际中文教师的数字意识和数字态度较好，愿意主动学习数字技术和知识，提升自己的数字能力，对线上教学的态度也发生了较大的改变，但数字技术观念需要转变，认为数字技术对国际中文教学起到辅助作用，有助于提高中文教学效率，这种数字技术观念是不够的，随着人工智能、虚拟现实、5G技术等新数字技术在国际中文教学中的广泛应用，数字技术将会使国际中文教学发生巨大的变革，教学内容、教学方式、教学理念、教师角色等方面都会发生较大变化，教师对数字技术的观念认识不够，低估了数字技术对国际中文教学的作用。

三、职前国际中文教师数字能力培养不合理

1.职前国际中文教师数字能力培养缺乏系统性和层次性

从本、硕、博三个层级的培养方案来看，汉语国际教育专业的学生缺乏系统的数字能力培训，在本、硕、博三个层级的数字能力培训，没有体现本、硕、博三个层级性，职前国际中文教师数字能力培养缺乏层次性。

2.相关专业课程设置不够合理

从本、硕、博三个层级开设数字能力相关的专业课程情况来看，数字能力相关的课程开设情况呈递减趋势。本科阶段基本都开设了计算机和现代教育技术相关的课程，开设的课程类别基本都是必修课程，学时和学分占比最高；硕士阶段大部分学校开设了数字能力相关的课程，开设的课程类别以选修课程为主，学时和学分的占比与本科阶段相比明显减少；博士阶段基本上没有开设数字能力的课程。

3.缺乏针对国际中文教育专业的数字课程

目前，职前国际中文教师数字能力培养的课程中，缺乏针对国际中文教育专业的数字课程。从国内高校国际中文教育专业本、硕、博三个层级的培养情况来看，大部分学校没有开设数字能力相关的专业课程，仅有少部分学校开设了现代教育技术类课程，且课程效果不甚理想，缺乏针对国

际中文教育专业的数字课程。

四、国际中文教师数字培训有待提升

目前，高校和孔子学院等教育机构对国际中文教师数字能力开展了一些相关培训，特别是在疫情后，集中对国际中文教师线上教学的教学平台和软件操作等方面进行了培训，这对国际中文教师开展线上教学起到了重要作用，一定程度上提升了国际中文教师数字能力水平，但是仅靠这些培训还远不能达到国际中文数字化教学要求，需要了解国际中文教师数字能力的需求，进一步开展有针对性的、有效的数字能力培训。

五、国际中文教学的数字环境需要改善

从调查的结果来看，整体来说国际中文教师数字教学环境较好，大部分汉语教学课堂具备数字化教学硬件条件，但也存在一些问题。第一，国内外国际中文教学数字环境存在差异，国内和一些发达国家中文教学数字环境较好，一些欠发达国家和地区中文教学数字环境较差，有些地方学生家里没有网络或数字学习设备导致中文学习中断。第二，中文教室的智能数字教学设备较少，国际中文课堂教学使用的教学设备都是一些基础的数字设备，新的智能设备应用到中文教学课堂较少。第三，国际中文教师对年轻人使用的交流工具和方式，教师需要改变一下与学生的交流方式，用学生常用的交流工具与学生交流，这样容易融入学生的数字空间。第四，教师中文教学所制作的数字资源对线上教学的针对性不高，现在国际中文教学以为线上教学为主，需要制作适合线上教学的数字资源（如微课、MOOC）。第五，数字环境创设能力较弱，特别是利用人工智能、虚拟现实等新技术创设中文数字教学环境能力较弱。

第二节　国际中文教师数字能力提升策略

本小节主要针对存在的问题及未来国际中文数字化教学的发展趋势，从树立正确的数字技术观、加强国际中文教师数字能力培训、加强国际中文教学数字环境建设等方面提出了以下几点对策建议。

一、树立正确的数字技术观

教师在课堂上使用技术主要有三种目的：一是提高效率，二是提升效力，三是完全改变学习体验。如今，在教学中使用技术，大多都是为了前两个目的，但笔者认为这是远远不够的，仅将技术作为提高传统教学效率的“工具”是大大低估了技术的作用。美国学者Koehler和Mishra于2005年提出TPACK（Technological Pedagogical Content Knowledge）理论，即整合技术的学科教学知识。根据TPACK理论，教师要把数字技术与教学理念、教学内容、教学方式有机结合起来，结合学习者的学习特点，利用数字技术整合数字资源，打造精品数字教学资源（MOOC、微课、课件、中文学习游戏等），采用学习者乐于接受的教学方式，利用人工智能、虚拟仿真等新技术创设虚拟仿真或真实中文教学情景，将中文教学内容以多模态、3D/4D立体的方式呈现给学习者，完全改变学习者的学习体验，提高学习者学习汉语的兴趣，有助于降低学习者学习中文的难度，增加学习者学习汉语的信心。

二、加强国际中文教师数字能力培训

根据上一章国际中文教师数字能力影响因素的结果，培训因素是国际中文教师数字能力发展的主要因素之一。国际中文教师数字能力的培训，可以从职前培训和在职培训两个方面进行。

（一）在职国际中文教师数字能力培训

国际中文教学目前以线上教学为主，这对国际中文教师提出了新的挑战，语言合作交流中心、国内高校及孔子学院等机构组织对海内外的国际中文教师组织了多次的线上教学相关的数字能力培训，这对国际中文教师数字能力提升具有直接的作用，极大地提升了国际中文教师数字教学能力。但是目前大部分国际中文教师仅掌握基本的数字能力，人工智能、虚拟现实等新技术应用能力有待提升。

1.在职培训坚持“能力为本”导向

在职教师的数字能力培训应坚持“能力为本”导向的培训方式，以求达到培训效果的最优化。第一，以培养教师数字能力发展为核心。在职教师培训中，需要做到以人为本，帮助教师成为培训的参与者，而非单单是接受培训的对象。在培训过程中，应以教师能力发展为核心来规划与进行，包括从教师能力发展的角度考虑培训内容，培训手段、培训方式与培训安排（朱益明，2004）。第二，要注重数字技术的实操能力培养。在职教师数字能力培训时，要注重教师数字技术的实操能力培养，培训者需要边讲边操练，教师在培训时一定要进行实际操作练习，让教师既获得直接的技术能力，又能感受技术服务教学和研究的作用，在操练中才能到达培训效果的最优化。

2.“基于问题的学习”培训模式

在职培训中引入“基于问题的学习”理念的实质是将参加培训的教师置于一个复杂的、有意义的、真实的情景之中，引导其运用自学或小组学习的方式，围绕真实问题，展开具体的、有针对性的实践学习（田健，2010）。国际中文教师数字能力的培训应与解决问题相结合。在职教师在教学和研究实践过程中会遇到各种各样的技术问题，如果在职培训能够把数字能力与教师的问题有机结合起来，将会增加教师培训的动力和运用技术的信心。因此，学校或院系、国际中文教学机构等培训方，要根据教师的需要采用灵活多样的培训方式，对在职教师进行有针对的数字能力培训，以提升在职教师的数字能力。

（二）职前国际中文教师数字能力培训

通过对汉语国际教育本科、硕士、博士培养方案的分析，可以看出职前国际中文教师数字能力培养存在诸多的问题，缺乏数字能力培养的整体规划和设计，职前国际中文教师数字能力培养系统性和层级性体现不明显，数字能力的相关专业课程设置不够合理，缺乏针对国际中文教育专业的数字课程等。

1.职前培养要注重数字能力培养的系统性

汉语国际教育的本科、硕士和博士在数字能力培养方面缺乏系统性的培养方案。职前国际中文教师如果没有接受系统的数字能力培养，他们的数字能力整体水平很难提升，尽管未来的国际中文教师生活在数字时代，他们不接受专业的、系统的数字能力培训同样不具有国际中文教学所需的数字能力，不能很好地适应未来国际中文教学的发展。

国际中文教师数字能力自评结果显示，国际中文教师数字能力发展不均衡，数字意识、数字知识、数字技术、数字教学能力、数字研究能力和数字教学创新能力等方面的能力发展不均衡。

2.职前培养要注重数字能力培养的层级性

职前国际中文教师数字能力培养要注重数字能力培养的层级性。本科、硕士和博士不同层次的阶段，在数字能力培训的内容和重点应该有所区别，三个层级有侧重地开设数字能力培养课程，比如本科注重基础数字能力培养，硕士注重教学和学习方面的数字能力培养，博士注重科研和创新方面的数字能力培养。

3.强化数字能力培养课程模块设置

高校要强化数字能力的课程模块设置。从本、硕、博三个层级开设数字能力相关的专业课程情况来看，数字能力相关的课程开设情况呈递减趋势。本科阶段基本都开设了计算机和现代教育技术相关的课程，开设的课程类别基本都是必修课程，学时和学分占比最高；硕士阶段大部分学校开设了数字能力相关的课程，开设的课程类别以选修课程为主，学时和学分的占比与本科阶段相比明显减少；博士阶段基本上没有开设数字能力的课程。目前已有学者提出增加数字能力培养的课程，如吴应辉（2020）在国际中文教育互联网+研讨会上讲到要增加互联网+国际中文教师的内容，有组织、有计划的培养大批专业化的互联网+国际中文教师。因此，笔者建议培养国际中文教师的院校向上级有关部门申请，在本科、硕士和博士培养方案中应增加数字能力培训的专业课程，应结合最新的数字技术，研发适合国际中文教育的实用性强的数字能力课程，加强对职前教师数字能力的培养，推动国际中文教师数字能力培养纳入专业核心课程。

4.研发国际中文专业的数字能力培养课程

职前国际中文教师数字能力培养还需要研发针对国际中文专业的数字能力培养课程。目前部分汉语国际教育本科、硕士培养院校开设了计算机基础和现代教育技术等课程，但是学生对这些课程的认可度不太高，如部分院校就开设现代教育技术课程对学生进行调研，结果发现大部分学生认为没有必要开设这门课程，对这门课不感兴趣，认为该课程对他们的专业发展作用不大。因此，高校不仅要强化数字能力的课程模块设置，开设数字能力相关的专业课程，同时还要将数字能力融入教师专业能力发展上，整合数字技术类课程与专业课程，研发针对国际中文专业的数字能力培养课程。

三、加强国际中文教学数字环境建设

（一）数字资源精细化

目前，随着数字技术的发展，各种国际中文教育数字资源日益丰富，如“中文联盟”作为全球最大的国际中文教育网络平台，不仅分门别类地为全球中文学习者提供了丰富的课程资源，也为国际中文教师提供了多样的教辅素材和成长课程。截至2020年底，“中文联盟”课程云平台提供的慕课、微课已超过7000课时，其中，慕课涵盖中文学习、汉语水平考试、中华文化与当代中国、教师发展4大板块；微课包含生活中文、国风传颂、中国视记等8个栏目，能满足不同水平中文学习者的学习需求，也为国际中文教师备课和个人发展提供了帮助（语合中心，2021）。但是仍不能满足国际中文教育的需要，（吴应辉，2020）在互联网+国际中文教育应用大会上讲到了，国际中文数字化教学资源不能满足多元化、多层次、语别化、国别化、个性化的需求。因此，国际中文教育的数字资源需要精细化发展，为国际中文教师和全球中文学习者提供精准的、个性化数字资源。

（二）数字教学智能化

中国相继发布了《新一代人工智能发展规划》《中国教育现代化2035》等一系列政策性文件，加快实施教育信息化2.0行动计划，以教育信息化支撑引领教育现代化。智能教育时代已经到来，利用智能技术加快国际中文教学智能化建设，更好地为国际中文教学。目前一些智能技术已经在国际中文教育领域使用，如语音合成、口语测评、作文测评、作业批阅、智能助教、智能学伴等智能技术运用到国际中文教育领域，提高了国际中文教育水平。再如庞帝智能教育平台，输入汉字可以自动生成关联词语，自动划分HSK级别，把一段材料放入平台可以自动生成一篇课文，包括练习、语法点等配套资料等，教师可以把最新的资料当作教学内容进行教学。

（三）数字环境规范化

在数字环境中，我们要规范数字环境中的行为。第一，在数字环境中，使用数字资源、网络教学、网络交流时要遵守所在国家和地区的道德、法律准则，不能忽视数字环境中的伦理问题和安全问题。第二，数字教学内容要符合社会主义核心价值观，数字教学内容应是科学的、健康的。

（四）建设线上和线下数字学习空间

线上和线下混合教学模式是教育国际中文教学的发展趋向。赵杨（2020）在"互联网+国际教育应用大会"指出，即使到了疫情后，国际中文教学也只能是线上线下相结合，发展线上线下混合教育，而不只是传统的这种课堂教学。线上和线下混合教学模式聚焦于教室、学校、家庭和其他教育场景等实体空间之间的无缝对接，以及虚拟仿真实验室、智慧教室、网络平台等数字空间之间的无缝联通，学生在家、在学校以及外部现实环境中均可获得工具和资源支持（祝智庭等，2021）。数字化学习环境建设逐渐注重虚实融合、线上线下一体化，新兴技术和理念催生智慧校园、未来学习空间等新型学习环境（熊才平，2018）。国际中文教学要建设线上与线下互联互通的学习环境，推动知识双向流动联动，形成适应学生差异和个性化需求的系统性、整体性全场景教学闭环。

总之，笔者希望本研究能够引起相关部门的高度重视，做好国际中文教师数字能力发展和培训的顶层设计和规划，全面提升国际中文教师的数字能力。

本章小结

本章主要归纳国际中文教师数字发展存在的主要问题，研究发现国际中文教师数字能力发展存在国际中文教师数字能力发展不均衡、数字技术观念陈旧、职前国际中文教师数字能力培养不合理、国际中文教师数字培训有待提升、国际中文教学的数字环境需要改善等方面的问题。针对存在的问题及未来国际中文数字化教学的发展趋势，从树立正确的数字技术观、加强国际中文教师数字能力培训、加强国际中文教学数字环境建设等方面提出了几点对策建议。

结 语

国际中文教师数字能力可研究内容和视角很多，本研究仅从国际中文教师数字能力标准模型构建的角度对国际中文教师数字能力进行研究。总结国际中文教师数字能力标准模型研究结论及不足，并对国际中文教师数字能力研究方向提几点思考。

1.研究结论

通过国际教师数字能力的现实需求分析，研究发现：（1）数字技术是教育创新发展的"引擎"，数字能力是国际中文教师亟需发展和培养的关键能力之一；（2）国际中文教师数字能力水平与国际中文数字化教学需求有一定的差距；（3）汉语国际教育专业培养方案存在数字能力课程设置不合理；（4）缺乏针对国际中文专业的数字能力课程；（5）本、硕、博三个层次对国际中文教师数字能力培养缺乏系统性和层级性。

构建了国际中文教师数字能力标准模型。采用词频统计方法抽取国内外教师数字能力标准和模型共同关注的指标；基于教师发展理论和TPACK理论，结合汉语国际教育专业的学科特点，分析国际中文教师数字能力的需求，建构国际中文教师数字能力的维度，初步构建国际中文教师数字能力标准模型；采用德尔菲法对国际中文教师数字能力标准模型的专家验证，通过对13位国内外权威专家的三次咨询，进一步验证和修订该标准模型；采用层次分析法计算国际中文教师数字能力标准模型的权重。通过以上研究，最终构建了国际中文教师数字能力标准模型，包括数字意识、数字知识、数字技术能力、数字教学能力、数字研究能力、数字教学创新能力6个指标及其下属的27个二级指标，表明这些数字能力是国际中文教师重点发展和培养的数字能力。

国际中文教师的数字能力自评调查。研究发现：（1）本文拟构的数字能力标准模型的内容效度和结构效度都很高，适合开展国际中文教师数字能力自评调查研究；（2）国际中文教师数字能力整体水平较高，但教师的数字能力发展不均衡，国际中文教师的数字意识较强，数字技术能力、数字研究能力、数字教学能力水平居中，数字知识和数字教学创新能力水平较低，特别是在新技术应用、数字教学环境创设等部分数字能力较为薄弱；（3）年龄、性别和教龄因素对国际中文教师数字能力影响差异不显著，学历因素仅在数字研究能力方面的得分差异显著，培训、数字环境和线上教学态度因素对国际中文教师数字能力的影响差异显著，表明培训、数字环境和线上教学态度是影响国际中文教师数字能力发展的主要因素。

2.研究不足

构建国际中文教师数字能力标准模型对国际中文教师数字能力发展具有重要的现实意义。本研究在分析国内外教师数字能力标准或框架共同关注的数字能力指标基础上，结合国际中文教学的学科特点，基于教师发展理论和TPACK理论，通过德尔菲法和层次分析法构建了国际中文教师数字能力标准模型，但本研究还存在以下不足。首先，本研究构建了国际中文教师数字能力标准模型，该标准模型分析了国际中文教师应掌握的主要数字能力指标，并对二级指标的数字能力进行了描述，但是该标准模型是对学科教师数字能力研究的一次尝试，对指标的描述还有待进一步深入细化。其次，在教师数字能力自评结果的分析方面，本研究主要采用了单因素方差分析、单样本T检验、相关性分析等研究方法，学界还使用其他研究方法，如多因素方差分析，对国际中文教师数字能力自评结果还需进一步分析。尽管存在以上不足，国际中文教师数字能力标准模型的研究对国际中文数字能力发展及国际中文教师数字能力标准构建具有一定的借鉴和参考。

3.研究展望

（1）构建国际中文教师数字能力标准

数字化时代背景下，各国十分重视教师数字能力标准的研究，根据本国的实际制定了教师数字能力标准。2017年欧盟教育委员会制定了欧盟教师数字能力（DigCompEdu）框架，从教师专业数字能力、数字资源、教学和学习、评价和赋能学习者、促进学习者的数字能力六个维度，23个指标详细说明了教育工作者需要具备的数字能力，影响欧洲国家教师数字能力标准的制定。如西班牙教师数字能力标准从信息与数据素养、沟通与协作、数字内容创作、安全、解决问题等五个维度构建了本国教师数字能力标准。美国、日本等发达国家也制定了教师数字能力标准，然而我国在教师数字能力标准方面的研究较为薄弱，国际中文教师数字能力标准的制定有助于国际中文教师数字能力发展，是国际中文教师数字能力发展的“目标方向”，对国际中文教育数字化道路的发展具有深远的意义。

（2）建立国际中文教师数字能力评价体系

教育评价可分为导向性评价和诊断性评价，具有导向功能、激励功能、反馈功能和教育功能。构建教育评价体系是提升教师教学质量的关键，建立教师水平不断提高的评价体系，能够促使教师对自己教学行为的分析和反思，从而不断提高教学水平。国际中文教师数字能力评价体系是国际中文教师数字能力的“标尺”，构建国际中文教师数字能力评价体系对国际中文教师数字能力发展具有导向和激励功能，引导和激励国际中文教师发展他们的数字能力，把数字能力作为关键能力终身学习。同时，国际中文教师数字能力评价体系对国际中文教师数字能力水平具有反馈和教育功能，它可以评价国际中文教师数字能力现状，是检验国际中文教师数字能力水平的依据，还可以作为选拔公派教师和志愿者教学能力的一个指标。

（3）互联网+国际中文教育

线上教育是发展趋势，互联网+国际中文教育将是国际中文教育发展的一个重要方面。后疫情时代，互联网+中文教育将获得更大的发展，中文在线教育将以前所未有的速度发展（吴应辉，2020）。第一，线上中文教学数字资源日益丰富。随着数字技术的发展，国际中文教育数字资源日益丰富，如中文联盟推出“考教结合”的标准化线上中文课程体系（如《HSK标准课程》《YCT标准课程》《国际中文教师证书》考试及教师职业能力提升课程等）、中华文化和当代中国的文化课程（《中华文化常识》

《中国历史常识》《数字中国》等）、运用新的技术手段上线了网络多媒体中文学习系列课程（《长城汉语》《漫中文》《豆儿》等）。第二，国际中文网络学习平台发展日益成熟。目前全球中文学习平台、中文联盟、唐风汉语、庞帝智能教育等国际中文网络学习平台发展日益成熟，为世界各地的中文学习者提供了便利的网络学习条件。第三，新技术应用促进了互联网+国际中文教育发展。刘利在2020国际中文教育交流周启动仪式上强调教育科技的不断创新，5G、人工智能、大数据分析等技术手段的广泛应用，使得越来越多的中文学习者能够通过线上教育的新模式享受最优质的教学资源，客观上促进了教育的公平化。第四，互联网+国际中文教育为中文学习者提供自由的学习空间。互联网让世界各地的中文学习者不受时间和空间的限制学习中文。第五，互联网+国际中文教育是一种新路径。互联网+国际中文教育利用的是虚拟空间，受政治因素的影响较小，我们只需要打造线上精品中文学习资源（如中文课程），满足学习者的中文学习需求，互联网+国际中文教育就会有市场。

（4）人工智能赋能国际中文教育

在2020年12月举行的国际人工智能与教育会议上，教育部陈宝生部长特别强调，人工智能等新技术向我们展示了变革教育的巨大潜能，我们应当加快发展更高质量的教育、更加公平包容的教育、更加适合每个人的教育、更加开放灵活的教育。《中国教育现代化2035》提出的："人工智能等新技术的发展正在不断重塑教育形态，知识获取方式和传授方式、教和学关系正在发生深刻变革"。AI技术发展势将改变课堂教学结构，亟需进行课程创新（郝文武，2020）。

人工智能将推动国际中文教育的改革。随着人工智能技术与国际中文教育的融合发展，国际中文教育将在教学管理、教学评价、教学方法、教学理念等发生变化。刘利　　（2020）指出虚拟与现实融合、机器与人工交互、传统与潮流碰撞的日益频繁，造就了国际中文教育在理念、手段、形态和评价体系等方面转轨升级的新业态。

参考文献

[1]顾明远.《教育大辞典》[M]. 上海教育出版社，1998年.

[2]郭睿. 数字化对外汉语教学理论与方法研究[M]. 北京语言大学出版社，2017.

[3]国家汉办/孔子学院总部. 国际汉语教师标准[M]. 外语教学与研究出版社，2012.

[4]何文潮、刘玉屏、靳洪刚. 全球化的中文教育：教学与研究[M]. 中央民族大学出版社，2017.

[5]教育部师范教育司. 教师专业发展的理论与实践（修订版）[M]. 北京：人民教育出版社，2003：50.

[6]林崇德. 21世纪学生发展核心素养研究[M]. 北京师范大学出版社，2016.

[7]刘新宪，朱道立. 选择与判断——AHP（层次分析法）决策[M]. 上海：上海科学普及出版社，1990，5-10.

[8]刘玉屏. 国际汉语教师研究文献选评[M]. 中央民族大学出版社，2019.

[9]任友群等. 为数字时代准备未来教师[M]. 华东师范大学出版社，2019.

[10]吴应辉. 国际汉语传播研究理论与方法研究[M]. 中央民族大学出版社，2000.

[11]叶军. 国际汉语教学案例分析与点评[M]. 外语教学与研究出版社，2015.

[12]张普等．数字化对外汉语教学理论与方法研究[M]. 清华大学出版社，2004.

[13]郑艳群．对外汉语教育技术概论[M]. 商务印书馆，2012.

[14]郑艳群．汉语第二语言教学的教学资源研究[M]. 商务印书馆，2018.

[15]郑艳群．汉语第二语言教学的教学技术研究[M]. 商务印书馆，2018.

[16]钟祖荣．现代教师学导论．教师专业发展指导[M]. 北京：中央广播电视大学出版社，2006：08.

[17]朱旭东主编．教师专业发展理论研究[M]. 北京：北京师范大学出版社，2011.

[18]蔡金伟．数字化校园背景下高校教师信息技术能力的提升[J]. 电子技术与软件工程，2016（23）：264.

[19]曹瑞霞．基于数字平台的数学教师信息化教学能力的提升[J]. 学周刊，2019（30）：136.

[20]陈效飞，任春华，郝志军．论行动研究促进教师专业发展的机制[J]. 教师教育研究，2018（4）：12–17.

[21]陈丽．“互联网+教育”：知识观和本体论的创新发展[J]. 在线学习，2020（11）：44–46.

[22]陈丽．“互联网+教育”的创新本质与变革趋势[J]. 远程教育杂志，2016，34（04）：3–8.

[23]程春华．数字化课堂中教师能力及素养提升研究[J]. 学周刊，2015（25）：128.

[24]迟艳杰．教学本体论的转换——从“思维本体论”到“生成论本体论”[J]. 教育研究，2001（05）：57–61.

[25]段雪敏，杨方琦，张璐．中小学教师数字化教学资源使用偏好研究[J]. 软件导刊（教育技术），2016，15（04）：76–79.

[26]范晨晨，朱永媛，陶佳．高校教师数字化生存能力现状调查研究——以安徽师范大学为例[J]. 中小学电教，2018（10）：36–41.

[27]冯晓英，王瑞雪，曹洁婷等. 国内外学习科学、设计、技术研究前沿与趋势——2019“学习设计、技术与学习科学”国际研讨会述评[J]. 开放教育研究，2020，26（01）：21–27.

[28]冯岩松. 数字化教学环境下大学英语教师专业能力体系与驱动性评价研究[J]. 蚌埠学院学报，2016，5（02）：127–131.

[29]冯仰存，钟薇，任友群. 美国国家教师教育技术新标准解读与比较研究[J]. 现代教育技术，2018，28（11）：19–25.

[30]甘雷，宋志存. 数字化校园下的高校教师创新能力培养研究[J]. 科技视界，2016（27）：97.

[31]高利明. 数字化环境对高校教师能力素质的挑战[J]. 中国大学教学，2005（07）：12–15.

[32]葛文双，韩锡斌. 数字时代高校教师教学能力测量问卷研究[J]. 电化教育研究，2017，38（06）：123–128.

[33]葛文双，韩锡斌. 数字时代教师教学能力的标准框架[J]. 现代远程教育研究，2017（01）：59–67.

[34]顾明远. 教育的本质是生命教育[J]. 教育，2018（25）：1.

[35]顾红霞，杨帆，刘妍. 基于数字素养的SPOC混合教学模式中高校教师角色新定位[J]. 考试与评价（大学英语教研版），2019（01）：92–95.

[36]桂毅. 中小学教师数字资源应用能力的研究[J]. 宁夏教育，2018（Z1）：47–48.

[37]郭燕，徐锦芬. 我国大学英语教师专业发展共同体建设研究[J]. 外语界，2015（5）：79–87.

[38]郭一弓. 欧盟数字素养框架DigComp2. 1：分析与启示[J]. 数字教育，2017，3（05）：10–14.

[39]韩锡斌，葛文双. 中国高校教师信息化教学能力调查研究[J]. 中国高教研究，2018（07）：53–59.

[40]郝文武. 信息化和人工智能对教育现代化影响的得失应对[J]. 现代教育论丛，2020（03）：2–7.

[41]郝水侠，王葛娟．大数据时代高校教师数字素养发展策略研究[J].软件导刊（教育技术），2018，17（10）：35–38.

[42]郝红艳．汉语国际化与网络汉语教学[J].天中学刊，2013，28（02）：134–136.

[43]何李．闽南地区高校汉语国际教育本科专业人才培养方案比较研究[J].内蒙古农业大学学报（社会科学版），2019，21（05）：20–26.

[44]贾梦阳．对外汉语教育中现代教育技术的应用[J].产业与科技论坛，2014，13（23）：152–153.

[45]雷婷．现代教育技术融入对外汉语教学中的策略[J].钦州学院学报，2016，31（12）：80–83.

[46]李宇明，李秉震，宋晖等．"新冠疫情下的汉语国际教育：挑战与对策"大家谈（上）[J].语言教学与研究，2020（04）：1–11.

[47]（大家谈）李宝贵，庄瑶瑶．后疫情时代亟待提升国际中文教师的信息素养[J].语言教学与研究，2020.

[48]李为民．基于学习元的中小学教师教育技术能力培训数字资源设计[J].教育与教学研究，2017，31（10）：70–76.

[49]李仰征，张婧霞，周蔓丽等．欠发达地区中学地理教师数字地图制图能力调查与影响因素分析——以贵州省毕节市为例[J].高师理科学刊，2017，37（07）：107–110.

[50]李锋，熊璋，任友群．聚焦数字化竞争力，发展学生核心素养——从国际国内课程改革看上海中小学信息科技教育[J].电化教育研究，2017，38（07）：26–31.

[51]李宇韬．数字时代教师能力提升的四个维度[J].中小学数字化教学，2020（06）：75–78.

[52]李景杰，刘志镜．小学教师数字化学习能力调查研究[J].数字教育，2016，2（06）：52–56.

[53]林海燕，赵寰宇．"一带一路"倡议下国际汉语教师信息素养培育研究[J].情报科学，2020，38（04）：108–115.

[54]林坤，李雁翎，黄真金．"互联网+教育"时代大学教师数字化教

学资源运用能力研究[J]. 江苏高教，2017（10）：56–59.

[55]刘敏. 澳大利亚国家教师专业标准的变迁脉络与经验[J]. 当代教育科学，2016（17）：52–56.

[56]刘世明，陈惠红. 基于“互联网+”的TPACK教师培育模式研究[J]. 教学与管理，2018，（27）：53–55.

[57]刘斌. 人工智能时代教师的智能教育素养探究[J]. 现代教育技术，2020，30（11）：12–18.

[58]刘亚玲. 基于数字教学资源平台的教师信息化教学能力提升[J]. 学周刊，2019（02）：149–150.

[59]刘清堂，吴莉霞，张思等. 教师数字化能力标准模型构建研究[J]. 中国电化教育，2015（05）：14–19.

[60]柳晨晨，宛平，王佑镁等. 智能机器人及其教学应用：创新意蕴与现实挑战[J]. 远程教育杂志，2020，38（02）：27–36.

[61]陆俭明. 顺应科技发展的大趋势语言研究必须逐步走上数字化之路[J]. 外国语（上海外国语大学学报），2020，43（04）：2–11.

[62]罗生全. 未来学校的内涵、表现形态及其建设机制[J]. 中国电化教育，2020，（1）：40–43.

[63]苗培周. 数字化境遇中教师专业发展能力现状分析与改进策略研究[J]. 中小学教师培训，2016（12）：37–41.

[64]马克·布朗，肖俊洪. 数字素养的挑战：从有限的技能到批判性思维方式的跨越[J]. 中国远程教育，2018（4）42–53.

[65]马建青. 现代教育技术在对外汉语听力教学中的应用[J]. 亚太教育，2015（28）：113.

[66]马宗培. 河南省特殊教育教师性别与信息技术应用能力关系研究[J]. 郑州师范教育，2018，7（04）：85–89.

[67]马宇，杨杨，谭吉勇. 对外汉语教师网络资源利用研究[J]. 教书育人（高教论坛），2015（18）：73–75.

[68]欧阳洁慧. 数字化科研学习环境对教师科研能力的影响和思考[J]. 科技管理研究，2012，32（11）：136–139.

[69]潘云鹤."迎接人工智能2.0时代"[J].上海信息化，2018（10）：22–23.

[70]潘云鹤.人工智能五大发展趋势[N].人民政协报，2018-06-20（010）.

[71]谯小兵.TPACK视域下提升四川民族地区教师信息技术能力培训实效的策略研究[J].数字教育，2019，5（04）：54–58.

[72]秦晓洁.基于中职数字教学资源平台的教师信息化教学能力提升[J].数学学习与研究，2020（02）：38.

[73]任友群，随晓筱，刘新阳.欧盟数字素养框架研究[J].现代远程教育研究，2014（05）：3–12.

[74]任友群.人工智能的教育视角初探[J].远程教育杂志，2018，36（05）：37.

[75]任友群，冯仰存，郑旭东.融合创新，智能引领，迎接教育信息化新时代[J].中国电化教育，2018（01）：7–14+34.

[76]任友群，闫寒冰，李笑樱.《师范生信息化教学能力标准》解读[J].电化教育研究，2018，39（10）：5–14+40.

[77]任友群，万昆，冯仰存.促进人工智能教育的可持续发展——联合国《教育中的人工智能：可持续发展的挑战和机遇》解读与启示[J].现代远程教育研究，2019，31（05）：3–10.

[78]任友群.如何开展提升教师信息化教学能力的研究[J].中国信息技术教育，2020（21）：4–6.

[79]任友群，张治，俞勇等.AI赋能教师：智能时代的教师发展——"人工智能助力教育现代化"教育行业主题论坛圆桌讨论实录[J].教育传播与技术，2020（02）：3–7.

[80]任曼曼.对高职院校教师专业能力提升的研究与实践——以数字媒体专业为例[J].艺术与设计（理论），2015，2（09）：150–152.

[81]佘雅斌，黄姣华.智能时代开放大学教师数字素养及提升策略[J].高教论坛，2019（07）：51–55.

[82]吴焕庆，丁杰，余胜泉.整合技术的学科教学法知识（TPACK）

研究的现状和发展趋势[J]. 远程教育杂志，2012,（6）：94–99.

[83]吴建新，欧阳河，黄韬等. 专家视野中的职业教育校企合作长效机制设计——运用德尔菲专家咨询法进行的调查分析[J]. 现代大学教育，2014（05）：74–84.

[84]王佑镁，杨晓兰，胡玮等. 从数字素养到数字能力：概念流变、构成要素与整合模型[J]. 远程教育杂志，2013，31（03）：24–29.

[85]王佑镁，胡玮，杨晓兰等. 数字布鲁姆映射下的数字能力发展研究[J]. 中国电化教育，2013（05）：1–7.

[86]王佑镁，潘磊，赵文竹. 数字公民视野中的数字智商：八大能力与三层目标[J]. 中小学数字化教学，2018（08）：25–28.

[87]王佑镁，宛平，赵文竹等. 从创客到创造性公民智慧教育视野下的创客公民及其培养[J]. 电化教育研究，2019，40（11）：5–11+27.

[88]王佑镁，宛平，赵文竹等. 科技向善：国际“人工智能+教育”发展新路向——解读《教育中的人工智能：可持续发展的机遇和挑战》[J]. 开放教育研究，2019，25（05）：23–32.

[89]王佑镁，赵文竹，宛平等. 应对数字社会挑战：数字智商及其在线教育体系[J]. 现代远程教育研究，2020，32（01）：61–67+92.

[90]万昆，任友群. 技术赋能：教育信息化2. 0时代基础教育信息化转型发展方向[J]. 电化教育研究，2020，41（06）：98–104.

[91]万昆，郑旭东，任友群. 规模化在线学习准备好了吗？——后疫情时期的在线学习与智能技术应用思考[J]. 远程教育杂志，2020，38（03）：105–112.

[92]王祖嫘. 数字化对外汉语教学的研究与发展趋势[J]. 国际汉语学报，2010，1（00）：109–113.

[93]王志军，陈丽. 联通主义：“互联网+教育”的本体论[J]. 中国远程教育，2019（08）：1–9+26+92.

[94]韦璐. 建设数字化校园提高教师信息应用能力[A].《现代教育教学探索》组委会. 2014年5月现代教育教学探索学术交流会论文集[C].《现代教育教学探索》组委会：北京恒盛博雅国际文化交流心，2014：2.

[95]肖俊洪. 数字素养[J]. 中国远程教育，2006（05）：32–33.

[96]谢斌，甄宗武，虎二梅. 能力导向型教师教育数字化课程体系构建[J]. 天水师范学院学报，2016，36（05）：99–103.

[97]熊才平，戴红斌，葛军. 教育技术：研究进展及反思[J]. 教育研究，2018，39（03）：118–128.

[98]熊玉珍. 信息技术支持下的国际汉语教师专业发展[A]. 中国国家开放大学；中国国家开放大学. 汉语国际教育人才培养现状及对策[C]. 中国国家开放大学；中国国家开放大学：中央广播电视大学对外汉语教学中心，2011：9.

[99]薛庆文. 数字时代的知识和能力需求与教师教育变革探究——基于美国“面向21世纪能力合作”组织报告的研究[J]. 黑龙江高教研究，2012，30（06）：52–55.

[100]徐娟，宋继华. 对外汉语教师信息素养的内涵、评价体系与培养[J]. 国际汉语教学动态与研究，2006（01）：26–31.

[101]徐娟，史艳岚. 论信息技术与对外汉语课程整合[J]. 外语电化教学，2007（04）：63–68.

[102]闫寒冰，苗冬玲，单俊豪，魏非，任友群.“互联网+”时代教师信息技术能力培训的方向与路径[J]. 中国远程教育，2019（01）：1–8.

[103]杨爽，周志强. 高校教师数字素养评价指标构建研究[J]. 现代情报，2019，39（03）：59–68+100.

[104]杨晓哲，任友群. 教育人工智能的下一步——应用场景与推进策略[J]. 中国电化教育，2021（01）：89–95.

[105]杨本科. 信息技术与对外汉语教学整合的实践[J]. 中国现代教育装备，2014（12）：34–36.

[106]杨苏. 数字化英语教学模式的内涵、困境及实现路径[J]. 教学与管理，2017（27）：102–104.

[107]尹睿，张文朵，何靖瑜. 设计思维：数字时代教师教学能力发展的新生长点[J]. 电化教育研究，2018，39（08）：109–113+121.

[108]尤佳鑫，孙众，宋伟. 数字教材的技术接受度与教师TPACK

能力的相关分析——基于结构方程模型的实证研究[J]. 电化教育研究，2014，35（11）：102–108.

[109]龙丽嫦. 数字化校园环境下中小学教师信息能力与培训策略[J]. 中国现代教育装备，2012（12）：49–51.

[110]余国志. 疫情挑战学习——构建非常态新型学习场景[J]. 基础教育课程，2020（05）：46–52.

[111]袁萍，刘玉屏. 汉语国际教育专业留学生数字能力调查与培养研究[J]. 汉字文化，2019（S1）：73–74+79.

[112]袁萍，刘玉屏. 大数据时代国际汉语教师数据素养研究透视[J]. 民族教育研究，2020，31（06）：119–125.

[113]章凯，肖莹. 胜任力分析与人力资源管理创新[J]. 成人高教学刊，2004（02）：12–15.

[114]张羽洁. 浅谈"互联网+"时代国际汉语教师信息素养的培养[J]. 信息记录料，2019，20（02）：238–240.

[115]张洁，卢良月. 美国国家教师教育技术标准对国际汉语教师教育技术培训的启示[J]. 中国教育信息化，2016（04）：65–68.

[116]张德鑫."功夫在诗外"——谈谈对外汉语教师的"外功"[J]. 海外华文教育，2001（02）：1–8.

[117]张婷. 声乐教师数字教学技术能力培养研究[J]. 戏剧之家，2016（23）：230.

[118]张菲菲. 基于智慧教室的高校教师教学技能提高及有效性研究[J]. 现代教育技术，2015，25（05）：110–114.

[119]张乐乐，王雨. 浅谈数字化环境下教师专业能力对师生关系的影响[J]. 中国医学教育技术，2016，30（06）：650–653.

[120]张军翔，刘兴红. 数字化学习环境下教师终身学习能力培养的策略研究[J]. 湖北师范学院学报（自然科学版），2015，35（02）：102–105+118.

[121]赵鑫. 教师对数字化教学的情感适应机制及其优化策略[J]. 中国电化教育，2016（09）：115–120.

[122]郑艳群. 课堂上的网络和网络上的课堂——从现代教育技术看对外汉语教学的发展[J]. 世界汉语教学，2001（04）：98–104.

[123]郑艳群. 世界教育技术现状和趋势对汉语教学的启示[J]. 世界汉语教学，2013，27（02）：278–288.

[124]郑艳群. 语料库技术在汉语教学中的应用透视[J]. 语言文字应用，2013（01）：131–138.

[125]郑艳群. 技术意识与对外汉语教学模式创建[J]. 华文教学与研究，2014（02）：14–18.

[126]郑艳群. 实现多媒体化汉语教学的三个基本问题[J]. 华文教学与研究，2014（01）：55–61.

[127]郑艳群. 汉语教育技术研究的新进展与新认识[J]. 国际汉语教学研究，2017（04）：60–67.

[128]郑艳群. 汉语教学70年——教育技术的影响及作用[J]. 国际汉语教学研究，2019（04）：69–76.

[129]郑艳群. 教学分析与教学计算：大数据时代汉语教学研究方法探新[J]. 国际汉语教学研究，2020（02）：32–39.

[130]郑金洲. 教育本质研究十七年[J]. 上海高教研究，1996（03）：19–24.

[131]郑克度，宛平，王佑镁. 掌控板支持的STEAM项目式学习设计——《基于slot的教室噪音采集》案例分析[J]. 中国信息技术教育，2019（23）：35–38.

[132]周向红. 从数字鸿沟到数字贫困：基本概念和研究框架[J]. 学海，2016（04）：154–157.

[133]周海涛，孙卫国. 数字化聚合环境下教师课程能力的内涵及其发展[J]. 贵州师范大学学报（社会科学版），2019（03）：90–97.

[134]周凤飞，王俊丽. 欧盟DIGCOMP分析及启示[J]. 图书情报工作，2014，58（S1）：122–129.

[135]祝智庭，彭红超. 技术赋能智慧教育之实践路径[J]. 中国教育学刊，2020（10）：1–8.

[136]祝智庭，彭红超. 技术赋能的韧性教育系统：后疫情教育数字化转型的新路向[J]. 开放教育研究，2020，26（05）：40–50.

[137]祝智庭，胡姣. 技术赋能后疫情教育创变：线上线下融合教学新样态[J]. 开放教育研究，2021，27（01）：13–23.

[138]祝智庭，韩中美，黄昌勤. 教育人工智能（eAI）：人本人工智能的新范式[J]. 电化教育研究，2021，42（01）：5–15.

[139]朱麟，李洪波. 对外汉语教育专业信息化建设的思考[J]. 未来与发展，2011，34（01）：66–69.

[140]朱益明. 近年来教师培训研究发展述评[J]. 上海教育科研，2004（11）：4–8.

[141]邹显强. 基于数字化教学资源建设民办高职院校教师相应的教学能力研究——以贵州城市职业学院为典型案例[J]. 纳税，2018（10）：234–235.

[142]左小红，胡一梅，郭静，彭波. 论信息化与数字化特征的微格教学模式——与中医院校教师教学能力提升[J]. 教育教学论坛，2016（42）：204–205.

[143]左明慧. 数字化校园环境下高校教师信息化能力的探究[J]. 长春理工大学学报，2011，6（01）：23–24.

[145]郭明霞. 农村中小学教师数字化教学资源使用偏好研究[D]. 河南大学，2014.

[146]赖宁超. 汉语国际教育信息化建设的思考[D]. 华中师范大学，2014.

[147]林文婷. 高校教师数字化生存能力现状分析[D]. 浙江师范大学，2011.

[148]韩冰. 基于招聘信息的美国中文师资规格与素养要求研究[D]. 中央民族大学，2016.

[149]黄秋野. 博物馆中的数字化展示及展示技术研究[D]. 江苏：江南大学，2008年.

[150]霍涌泉. 意识心理世界的科学重建与发展前景[D]. 南京师范大

学，2005.

[151]马欣研. 中小学教师信息素养研究[D]. 华东师范大学，2019.

[152]秦柳. 数字媒体技术在博物馆展陈设计中的应用研究[D]. 四川美术学院，2017.

[153]田健. 基于问题学习（PBL）中信息化教学资源的选择与应用研究[D]. 西北师范大学，2010.

[154]王杰. 中小学教师数字素养评价系统的设计与实现[D]. 华中师范大学，2015.

[155]郑旭东. 面向我国中小学教师的数字胜任力模型构建及应用研究[D]. 华东师范大学，2019.

[156]周丹. 基于数字化教学资源的初中语文课堂情境教学的设计研究[D]. 沈阳师范大学，2014.

[157]周丹妮. 教师在一对一数字化学习环境中的教学能力发展的案例研究[D]. 上海师范大学，2015.

[158] Crompton H. Pre-service Teachers' Developing Technological Pedagogical Content Knowledge（TPACK）and Beliefs on the Use of Technology in the K-12 Mathematics Classroom：A Review of the Literature [M]. Technological Pedagogical Content Knowledge. Springer US，2015：239-250.

[159] Digital Literacy：Concepts，Methodologies，Tools，and Applications [M]. Information Science Reference [Imprint]. IGI Global，Eurospan Group，The [Distributor].2012. [3]

[160] European Communities. Key competences for lifelong learning[M]. Office for Official Publications of the European Communities，2007.

[161] Gilster P. Digital literacy [M]. John Wiley & Sons，Inc，1997.

[162] Scardamalia M，Bransford J，Kozmma B，et al. Assessment and teaching of 21st Century skills[M]. Springer Netherlands，2012.

[163] Ala-Mutkak，Puniey，Redecker C. Digital Competence for Policy Brief，2008.

[164] Andersen, H. V. Pitknen, K. Empowering educators by developing professional practice in digital fabrication and design thinking（Article）[J]. International Journal of Child-Computer Interaction.2019：1-16. [165] Antonio José Moreno Guerrero；Mª Aránzazu Fernández Mora；Antonio Luis Godino Fernández.Competencia digital. Docente Área de información y alfabetización informacional y su influencia con la edad[J]. Academo，2020，Vol.7（1）：45-57.

[166] Ana B. Mirete，Javier J，Maquilón，Lucía Mirete，Raimundo A. Rodríguez. Digital Competence and University Teachers' Conceptions about Teaching：A Structural Causal Model[J]. Sustainability. 2020，Vol. 12（No. 12）：1-13.

[167] Based on R. Vuorikari，Y. Punie，S. Carretero and L. V. den Brande，DigComp 2.0：The Digital Competence Framework for Citizens，Update Phase 1：The Conceptual Reference Model（Luxembourg：European Commission，2016）. https：//ec.europa.eu/jrc/en/publication/eur-scientific-and-technical-researchreports/digcomp-20-digital-competence-framework-citizens-update-phase-1-conceptual-reference-model.

[168] Burnett，C.（2011）Pre-service Teachers' Digital Literacy Practices：Exploring Contingency in Identity and Digital Literacy in and out of Educational Contexts. Language & Education，25（5）：433-449.

[169] Benali，Mourad；Kaddouri，Mehdi；Azzimani，Toufik.Digital competence of Moroccan teachers of English. [J]. International Journal of Education & Development using Information & Communication Technology. 2018，Vol. 14（No.2）：99-120.

[170] Calvani A，Cartelli A，Fini A，et al. Models and instruments for assessing digital competence at school [J]. E-Learning and knowledge Society，2008，4（3），183-193.

[171] Charlene L，Al-Qallaf，Afaf SR，Al-Mutairi. Digital literacy and digital content supports learning：The impact of blogs on teaching English as

a foreign language[J]. ELECTRONIC LIBRARY. 2016, Vol.34（No.3）: 522–547.

[172] Digital Literacy, Libraries and Public Policy: Report of the Office for Information Technology Policy's Digital Literacy Task Force[EB/OL]. [20130410]. http: //www.districtdispatch.org/wpcontent/uploads/2013/01/2012_ OITP_digilitreport_ 1_22_13.pdf.

[173] DigCompEdu.（2017）. Digital Competence Framework for Educators（DigCompEdu）. Retrieved November 15, 2017, from: https: //ec.europa.eu/jrc/en/digcompedu.

[174] Eshet–Alkalai Y. Digital Literacy: A Conceptual Framework for Survival skills in the Digital Era [J]. Journal of Educational Mulyimedia & Hypermedia, 2004, 13（1）: 93–106.

[175] Esther Garzón Artacho, Tomás Sola Martínez, José Luís Ortega Martín, José Antonio Marín Marín and Gerardo Gómez García. Teacher Training in Lifelong Learning — The Importance of Digital Competence in the Encouragement of Teaching Innovation[J]. Sustainability.2020, Vol. 12（No.7）: 1–13.

[176] Ferrari, A.（2012）. Digital competence in practice: An analysis of frameworks. JRC Technical Reports. Institute for Prospective Technological Studies, European Union Retrieved. from http: //jiscdesignstudio.pbworks.com/w/file/fetch/55823162/FinalCSReport_PDFPARAWEB.pdf.

[177] Gudmundsdottir, G. B. & Hatlevik, O. E.（2017）Newly Qualified Teachers' Professional Digital Competence: Implications for Teacher Education. European Journal of Teacher Education, 1–17.

[178] Gallego–Arrufat, M.–J. a; Torres–Hernández, N. b; Pessoa, T.c. Competence of future teachers in the digital security area（Article）[J]. Comunicar.2019, Vol.27（No.61）: 53–62.

[179] Hargittai, E.（2005）Survey Measures of Web–oriented Digital Literacy. Social Science Computer Review, 23（3）: 371–379.

[180] Hatlevik, Ida KR, Hatlevik, Ove E. Students' evaluation of digital information: The role teachers play and factors that influence variability in teacher behaviour [J]. Computers in Human Behavior（COMPUT HUM BEHAV）.2018: 56–63.

[181] Hilton, Jason Theodore1.A Case Study of the Application of SAMR and TPACK for Reflection on Technology Integration into Two Social Studies Classrooms[J]. The Social Studies.2016, Vol. 107（No.2）: 68–73.

[182] Hazar, Esin.A Comparison between European Digital Competence Framework and the Turkish ICT Curriculum[J]. Universal Journal of Educational Research.2019, Vol.7（No.4）: 954–962.

[183] Instefjord, E. J. & Munthe, E.（2017）Educating Digitally Competent Teachers: a Study of Integration of Professional Digital Competence in Teacher Education. Teaching and Teacher Education, 67: 37–45. [184] Isil Kabakci Yurdakul. Modeling the relationship between pre-service teachers'TPACK and digital nativity[J]. ETR&D–EDUCATIONAL TECHNOLOGY RESEARCH AND DEVELOPMENT. 2018, Vol.66（No.2）: 267–281.

[185] Jones–Kavalier BR, Flannigan S L. Connecting the digital dots: literacy of the 21st century [J]. Teacher Librarian, 2006, 29（2）: 8–10.

[186] Janssen, J., Stoyanov, S., Ferrari, A., Punie, Y., Pannekeet, K., & Sloep, P. Experts' views on digital competence: Commonalities and differences. Computers & Education, 2013, 68, 473–481.

[187] Jang, SJ（Jang, Syh–Jong）, Chang, YH（Chang, Yahui）. Exploring the technical pedagogical and content knowledge（TPACK）of Taiwanese university physics instructors[J]. Australasian Journal of Educational Technology.2016, Vol.32（No. 1）: 107–122.

[188] Julio Cabero–Almenara; Juan–Jesús Gutiérrez–Castillo; Antonio Palacios–Rodríguez; Julio Barroso–Osuna.Development of the Teacher Digital Competence Validation of DigCompEdu Check–In Questionnaire in

the University Context ofAndalusia (Spain) [J]. Sustainability.2020, Vol. 12 (No.6094) : 6094.

[189] López Belmonte, J., et al., Análisis del efecto de la formación b-learning en el profesorado. Estudio de caso de una cooperativa de enseñanza. Texto Livre: Linguagem e Tecnologia, 2019. 12 (2) : p. 98–115. [190] Laskaris, D; Kalogiannakis, M; Heretakis, E.'Interactive evaluation' of an e-learning course within the context ofblended education[J]. International Journal of Technology Enhanced Learning, 2017, Vol.9 (4) : 339–353.

[191] Lund, A., Furberg, A., Bakken, J., & Engelien, K. What does professional digital competence mean in teacher education? Nordic Journal of Digital Literacy, 2014, 9 (4) , 281–299.

[192] Martin A. DigEuLit a European Framework for Digital Literacy: a Progress Report [J]. Journal of literacy, 2005, 2 (2) .

[193] Maderick, J, Zhang, S, Hartley, K. & Marchand, G. Preservice Teachers and Self-assessing Digital Competence. Journal of Educational Computing Research, 2015, 54 (3) : 1–26.

[194] Min Kyu Kim; Kui Xie; Sheng-Lun Cheng. Building teacher competency for digital content evaluation[J]. Teaching and Teacher Education.2017: 309–324.

[195] Oakleaf, M. (2009) Using Rubrics to Assess Information Literacy: an Examination of Methodology and Interrater Reliability. Journal of the American Society for Information Science and Technology, 60 (5) : 969–983.

[196] Preez MD. Digital Literacy: Tools and Methodologies for Information Society [J]. The Electronic Library, 2009, 29 (1) : 193–194.

[197] Parliament E, Union C O. Recommendation on key competences for lifelong learning [J]. European Parliament and Council, 2018.

[198] Punie Y, Brecko B N, Ferrari A.DIGCOMP: a Framwork for Developing and understanding Digital competence in Europe [J]. Journal of

Eliteracy, 2014.

[199] Pianfetti, E. S. Teachers and Technology: Digital Literacy through Professional Development. Language Arts, 2001, 78(3): 255-262.

[200] Puentedura, R.(2006). Transformation, technology and education: A model for technology and transformation. Retrieved August 22, 2019 from http: //hippa sus.com/resou rces/tte/puent edura tte.pdf. [201] Rune Johan Krumsvik. Situated Learning and Teachers' Digital Competence. Education & Information Technologies, 2008, 13(4): 279-290.

[202] Rune Johan Krumsvik.Digital competence in the Norwegian teacher education and schools[J]. Hgre Utbildning. 2011, Vol. 1(No. 1): 39-51.

[203] Rune Johan Krumsvik. Teacher Educators' Digital Competence. Scandinavian Journal of Educational Research, 2012, 58(3): 269-280.

[204] Rune Krumsvik; Kariane Westrheim; Eva Sunde; Ketil Langrgen." Teach as we preach" - lrerutdannerens digitale kompetanse [J]. Hgre Utbildning.2012, Vol.2(No.2): 93-108.

[205] Røkenes, F. M. & Krumsvik, R. J. Development of Student Teachers' Digital Competence in Teacher

Education -A Literature Review. Nordic Journal of Digital Literacy, 2014, 9(4): 250-280.

[206] Røkenes, F. M. & Krumsvik, R. J. Prepared to Teach ESL with ICT? A Study of Digital Competence in Norwegian Teacher Education. Computers & Eduction, 2016, 97: 1-20.

[207] Redecker C. European framework for the digital competence of educators: Dig Comp Edu[R]. Joint Research Centre(Seville site), 2017.

[208] Riina Vuorikari; Yves Punie; Stephanie Carretero.DigComp 2.0: The Digital Competence Framework for Citizens: Update Phase 1: The Conceptual Reference Model[J]. JRC SCIENCE FOR POLICY REPORTS.2016: 44.

[209] UNESCO, UNESCO ICT Competency Framework for

Teachers（Paris：UNESCO 2011），http：//unesdoc.unesco.org/images/0021/002134/213475e.pdf.

[210] Shulman L S. Those who understand：knowledge growth in teaching[J]. Educational Researcher，1986，15（2）：4–14.

[211] Touron，J（Touron，Javier）[1]；Martin，D（Martin，Deborah）[2]；NavarroAsencio，E（NavarroAsencio，Enrique）[3] et al. Construct validation of a questionnaire to measure teachers' digital competence（TDC）[J]. REVISTA ESPANOLA DE PEDAGOGIA.2018，Vol.76（No.269）：25–54.

[212] Teo，T.，Yurdakul，I. K.，& Ursavaş，ÖF.（2016）. Exploring the digital natives among pre–service teachers in Turkey：A crosscultural validation of the digital native Assessment scale. Interactive Learning Environments，24（6），1231– 1244.

[213] Theodore Chao；Jason Chen；Jon R. Star；Chris Dede.Using Digital Resources for Motivation and Engagement in Learning Mathematics：Reflections from Teachers and Students[J]. Digital Experiences in Mathematics Education.2016，Vol.2（No.3）：253–277.

附　录

附录一　国际汉语教师数字能力现状调查问卷

您好！本调查旨在了解国际汉语教师的数字能力现状，您的参与将对本研究提供很大帮助。本问卷采用匿名方式，您答题时不必有任何顾虑，请根据自己的实际情况作答。其中1代表完全不符合，2代表不太符合，3代表不确定，4代表符合，5代表完全符合。数字能力是指能够使用数字技术查找、组织、理解、评估、创建和传播信息等方面的能力，包括信息技术技能、社交和协作技能、认知技能，还包括合乎道德、法律并对其负责任的行为。非常感谢！

一、个人基本信息

1.您的性别：

A男　　B女

2.您的职称是：

A助教　　B讲师　　C副教授　　D教授　　E其它

3.您的学历是：

A本科以下　　B本科　　C硕士　　D博士

4.您的年龄是：__________岁

5.您从事对外汉语教学工作__________年

6.您参加数字能力培训的方式有哪些?（可多选）

A参加过信息教育技术、数字资源搜索加工处理等方面的专业课程（选修或者必修）

B学校组织的短期培训班或工作坊

C自己报名参加培训班或在网上学习一些课程

D其它方式（请注明__________）

E我从来没参加过任何培训

7.您所在的学校是否有智慧教室？

A有　　B没有

8.您授课的教室是否有多媒体设备或数字一体机？

A有　　B没有

二、数字能力问卷（请从1-5打分，1完全不符合，2不太符合，3不确定，4符合，5完全符合）

（一）知识部分

1.我了解关于教师数字能力发展的最新政策、准则。

2.我了解将数字技术、数字教材和数字学习资源整合到教学中的方法。

3.我了解多媒体设备的硬件操作、软件安装基本知识。

4.我了解使用数字资源时应遵守的道德和法律知识/规则。

5.我了解教师应具备的数字能力基础知识。

6.我了解数字阅读和数字写作知识。

7.我了解基础的编程知识。

（二）态度部分

8.我对学习最新的数字教学技术持积极的态度。

9.我会主动学习新技术提升自己的数字能力。

10. 我倡导安全、合法和负责任地使用信息和技术、尊重他人的知识产权。

11. 我会主动利用信息技术资源扩充自己的知识。

12. 我认为任何形式的非法使用数字内容均应受到谴责。

13. 我会积极参与一般性或具有创新性的数字教育资源在线创作。

14. 我能意识到自己在数字能力方面存在不足。

15. 我愿意使用学校的多媒体或者智慧教室上课。

16. 我愿意使用一些新的教学设备或教育平台（如唐风教育、庞帝教育平台）服务汉语教学。

17. 我在教学工作中尽可能使用数字资源，减少纸张、笔墨、硬件等耗材的使用。

（三）能力部分

A 数字技术使用

18. 我能够熟练使用常用数字办公软件（如 office、WPS 等）完成工作任务。

19. 我能够熟练使用常用数字教学软件（如钉钉、微信、各种在线学习的 APP 等）完成教学任务。

20. 我能够熟练使用数字一体机、多媒体设备、数码设备（如手机、数码相机、打印机、扫描仪）等常用数字化教学设备。

21. 我能够解决常用数字化教学设备出现的常见问题。

22. 我能够通过微信、QQ、电子邮件、钉钉等交流平台与同事、学生或他人进行沟通。

23. 我能够通过社交媒体（如社交网站、微博、微信等）发布与国际中文教育相关的信息。

24. 我能够使用数字媒体（如视频、动画等）来学习和传播汉语教育事业相关信息。

B 数字信息管理

25. 我能够通过高级搜索工具和过滤器等网络检索方式来搜索需要的

信息。

26. 我能够判断网络信息的可信度或者价值。

27. 我能够有效地组织搜集到的相关信息和数据。

28. 我知道如何保存和标记文件、内容和信息，并拥有自己的存储策略。

29. 我能够通过一些数字渠道（如QQ、微信等）与他人分享信息。
30. 我能通过搜索、识别、过滤和评估等方式选择数字工具（如百度、电子图书数据库等应用软件）和资源。

31. 我能够将数字工具（搜索软件、存储软件、分析软件、视频制作软件等）和资源应用于我的教学实践中。

32. 我能够运用常见数据分析软件（如Excel、Spss、R、Citespace、Python等）进行学术研究。C数字内容创作

33. 我能够运用数字化手段制作汉语教学的微课、MOOC、PPT等。

34. 我能够将不同的教学方法与数字技术、数字资源结合起来服务汉语教学。

35. 我能通过使用数字技术、数字教材和数字学习资源帮助学生参与创新过程。

36. 我能够制作各种格式的数字化文件（如Word、PPT、图像视频或音频等）。

37. 我能利用数字化教学资源备课。

38. 我能够根据自身学习需求更新数字技术。

39. 我能够根据工作或者学习者需求创造新的数字化内容。

D数字社群建构

40. 我能够根据交流对象的兴趣和需求选择合适的数字互动工具。

41. 我通过在线网络和协作平台积极共享国际中文教育相关信息、内容和资源。

42. 我是参与社会、政治、文化或行政活动的网络活跃用户。

43. 我能使用各种数字工具与其他老师或学生合作开发教育产品。

44. 我知道社交网络和数字媒体交流渠道中访问的基本规则。

45.我能够监管在线互动时产生的信息和数据。

46.我知道如何保护自己和他人的数字声誉。

E数字安全

47.我能够通过数字化手段对自己创造的内容进行抄袭检测。48.我会执行基本操作（如设置密码、安装防病毒软件等）以保护我使用的各种数字设备。

49.我知道如何保护自己或他人免受网络欺凌。

50.我能够以网络公民素质规范自己在网络环境中的行为。

51.我能够保护自己工作或者学习中产生的数据和信息。

52.我能够在信息共享过程中保护自己的隐私安全。

53.我利用过以下设备进行或辅助教学（可多选）

A数字一体机B多媒体设备C数码设备

D电子白板E其它（请注明）____________

54我利用以下途径与同事和学生进行沟通（可多选）

A、微信　B、QQ　C、钉钉　D、腾讯会议

E、微博　F、博客　G、论坛　H、其它（请注明）________

55我运用数字化教学手段制作过哪些数字教学资源（可多选）

A、微课　B、MOOC　C、辅助教学的视频　D、PPT

E、音频　F、其它（请注明）____________

56.我认为国际汉语教师特有的数字能力有哪些：____________

附录二　第一轮国际中文教师数字能力标准模型的构成要素咨询

尊敬的专家：

您好！非常感谢您在百忙之中抽出时间，为我们的研究填写关于“国际中文教师数字能力标准模型构成要素”的专家咨询问卷。本研究在国内外文献分析和对教师调查的基础上，初步构建了国际中文教师数字能力的构成要素指标：包括数字技术能力、数字教学能力、数字研究能力、数字创新能力、数字意识5个一级要素指标，若干二级要素指标。本问卷主要由两部分组成：第一部分是关于国际中文教师数字能力的一级和二级要素的评议及修改建议；第二部分是关于您的基本信息。

此次专家咨询仅用于本次学术研究，对于问卷的信息与评估结果我们将严格保密。

第一部分　国际中文教师数字能力标准模型的构成要素的评议

请您对该指标体系的各个维度及其所包含的各个指标提出修改意见：（其中数字1、2、3、4、5代表该指标在此维度中的重要程度，1代表特别不重要，2代表不重要，3代表一般重要，4代表比较重要，5代表非常重要，请在您认为相对应的方格中划“√”）。

一级构成要素指标评议

	一级构成要素指标	1	2	3	4	5	修改建议
国际中文教师数字能力	数字技术能力						
	数字教学能力						
	数字研究能力						
	数字创新能力						
	数字意识						

二级构成要素指标评议

一级指标	二级指标	描述	1	2	3	4	5	修改建议
数字技术能力	多媒体技术	能够使用多媒体技术制作中文教学课件，使用多媒体设备进行中文教学的能力						
	网络技术	能够使用网络技术开展远程中文教学的能力（反转课堂、慕课、泛在学习等）						
	语料库技术	能够搜索、筛选国际中文专业领域的网络语料库资源，利用数字工具构建自己教学语料库服务国际中文教学的能力						
	数字	使用数字媒体技术和工具制作文化传						
	媒体技术	播的数字内容，运用所在国家的数字媒体传播中华文化的能力						
	新技术应用	运用新技术辅助国际中文教学和研究，如利用大数据分析线上教学过程、人工智能技术进行学生监管、作业批阅等						
数字教学能力	教学设计	了解和熟悉数字教学模式，能够将数字技术融入到中文教学设计中						
	教学组织	借助数字技术有效激发学生的学习动机，鼓励学生积极参与教与学活动过程，组织学生开展中文教学活动						
	教学管理	能利用数字技术在不同的教学形式（如线上学习和混合学习）中有效管理教学活动						

续表

一级指标	二级指标	描述	1	2	3	4	5	修改建议
数字教学能力	教学评价	能利用数字评价方案与评价工具对教学进行过程评价和结果评价，并引导学生进行自评和他评						
	教学策略	有效使用数字学习平台，充分发挥虚拟环境和互联网+教育空间的优势，设计和选择数字教学方式和方法						
	教学反思实践	利用数字工具反思教学中的不足，针对教学中的问题提出改进方案，进行数字教学实践						
数字研究能力	数字工具应用能力	能根据研究需要选择和使用数字工具开展研究，如使用文献管理软件（NoteExpress）、数据分析软件（SPSS）						
	数字资源获取能力	能根据研究问题获取数字资源，如数据获取能力、文献检索能力等						
	数字资源管理能力	具有数字资源建设的整体意识，能够选用技术工具合理规划与管理数字教育资源，不断丰富个人数字教育资源库						
	数字资源应用能力	根据研究需要有效运用数字资源的能力，如数据分析能力、各种教学资源运用到教学研究的能力等						
数字创新能力	数字资源创造	运用数字技术工具筛选和整理现有中文数字资源，结合自身所处的教学环境，创造符合教学对象的中文教学数字资源						
	数字环境	能够利用数字技术将现有的数字资源整合为中文教学所需的立体教学情境						
	创设	或场景，增强学生在数字环境中对中文学习的兴趣						
	教学法创新	根据线上教学和混合式教学的特点，利用数字技术优势创新国际中文教学法（如电子竞技、动画学习、多重感知学习等）						

续表

一级指标	二级指标	描述	1	2	3	4	5	修改建议
数字创新能力	教学管理创新	能够把数字技术运用到中文教学管理上，创新中文教学管理方式和管理手段						
	数字批判思维	利用数字工具对众多的教学材料和学习资源批判的、有选择的接受，能够从中发现有价值的问题，并用批判性思维分析和解决问题						
数字意识	学习意识	具有主动学习数字技术的意识，探索和运用数字技术支持终身学习、促进自身发展						
	运用技术意识	具有运用多媒体技术、网络技术、语料库技术、数字媒体技术和新数字技术开展教学、研究和发展自我的意识						
	共享意识	具有将数字教学资源通过数字工具与学生和同事共享的意识						
	协作意识	具有主动运用数字工具开展与学生和同事之间协作的意识						
	跨文化意识	了解教学对象的文化背景，依据学生的文化背景设计和展现数字教学内容，以适应不同背景学生的思维方式						
	数字安全意识	遵守所在国家和地区的政策、法律和道德准则，熟悉在线或虚拟互动中的网络礼仪，保护个人设备和数字内容，有防范网络风险的意识						

请根据国际中文教育的专业特点及未来国际中文教学的发展，对该标准框架构成要素指标提出您的看法和补充意见：________________

____

____

____

第二部分　专家基本情况

请您在对应题目的横线上填写或在括号中选择符合您情况的选项

1.姓名：__________

2.年龄（　）：

A.35岁及以下　　B.36–45岁　　C.46–55岁　　D.56岁及以上

3.性别（　）：

A.男　　B.女

4.教龄（　）：

A.10年以下　　B.11–20年　　C.21–30年　　D.31年及以上

5.专业技术职称（　）：A.副教授（副研究员）　　B.教授（研究员）

6.最高学历（　）：A.专科　　B.本科　　C.硕士　　D.博士

7.您对问题的熟悉程度（　）：

A.很熟悉　　B.熟悉　　C.一般熟悉　　D.不熟悉　　E.很不熟悉

非常感谢您对本研究的支持!

附录三　第二轮国际中文教师数字能力标准模型的构成要素咨询

尊敬的专家：

您好！非常感谢您在百忙之中抽出时间，为我们的研究填写关于“国际中文教师数字能力标准模型构成要素”的专家咨询问卷。本研究在国内外文献分析、教师调查及第一轮专家咨询建议的基础上，构建了教师数字能力的构成要素：包括数字意识和知识、数字技术能力、数字教学能力、数字学习和研究能力、数字教学创新能力5个一级要素和若干二级要素。

本问卷主要由两部分组成：第一部分是关于国际中文教师数字能力的一级和二级指标的评议及修改建议；第二部分是关于您对指标打分的依据自评。

此次专家咨询仅用于本次学术研究，对于问卷的信息与评估结果我们将严格保密。

第一部分　国际中文教师数字能力标准模型的构成要素的评议

请您对该指标体系的各个维度及其所包含的各个指标提出修改意见：（其中数字1、2、3、4、5代表该指标在此维度中的重要程度，1代表特别不重要，2代表不重要，3代表一般重要，4代表比较重要，5代表非常重要，请在您认为相对应的方格中划“√”）。

一级构成要素指标评议

	一级构成要素指标	1	2	3	4	5	修改建议
国际中文教师数字能力	数字意识和知识						
	数字技术能力						
	数字教学能力						
	数字学习和研究能力						
	数字教学创新能力						

二级构成要素指标评议

一级指标	二级指标	描述	1	2	3	4	5	修改建议
数字意识和知识	技术运用意识	运用数字技术（多媒体技术、网络技术等）开展教学、研究和发展自我的意识						
	跨文化意识	学习并运用跨文化知识进行交际、教学、研究的意识，如依据学生的文化背景进行交际、设计和展现数字教学内容等						
	合作意识	运用数字工具或平台与学生、同事等开展资源共享、分工协作等方面的意识						
	数字安全意识	遵守所在国家和地区的政策、法律和道德准则，熟悉在线或虚拟互动中的网络礼仪，保护个人设备和数字内容，防范网络风险等意识						
	理论	掌握与数字化教学相关的理论性知识，包括数字化教						
	性知识	学理念与价值观念、教学法、数字环境的道德法律知识等						
	技术性知识	掌握如何在教学中使用数字技术的知识，如了解应用于中文教育领域的数字技术、利用数字技术解决问题、创新教育教学模式等方面的知识						
	性知识	学理念与价值观念、教学法、数字环境的道德法律知识等						
	技术性知识	掌握如何在教学中使用数字技术的知识，如了解应用于中文教育领域的数字技术、利用数字技术解决问题、创新教育教学模式等方面的知识						

续表

一级指标	二级指标	描述	1	2	3	4	5	修改建议
数字技术能力	多媒体技术	使用多媒体设备的能力，制作多媒体教学课件的能力						
	网络技术	使用网络资源、平台的能力（如远程教学、翻转课堂等）						
数字技术能力	语料库技术	收集语料、创建语料库的能力，查找、筛选等使用语料库的能力						
	数字媒体技术	使用社交媒体（微博、YouTube等）的能力；运用社交媒体（微博、YouTube等）传播中华文化的能力						
	新技术应用	使用新技术（如大数据分析技术、人工智能、虚拟现实技术等）进行教学和研究的能力						
数字教学能力	教学设计	利用数字技术进行教学设计的能力，如设计教学内容、教学过程、教学策略等						
	教学组织	利用数字技术进行教学组织的能力，如组织学生开展自主学习、合作学习等						
	教学管理	利用数字技术进行教学管理的能力，如学生管理、课堂管理等						
	教学评价	利用数字技术进行教学评价的能力，如基于教育数据进行过程评价和结果评价						
	教学反思实践	利用数字技术进行教学反思实践的能力，如运用电子学习档案（E-portfolio）、教学视频回放等进行教学反思						
数字学习和研究能力	数字学习能力	利用数字技术进行专业相关学习，促进专业发展和自身提升的能力						
	数字资源获取	根据研究问题获取数字资源的能力，如数据获取能力、文献检索能力等						
	数字资源管理	使用数字工具管理数字资源的能力，如文献管理软件（NoteExpress）、数据管理软件的使用						

续表

一级指标	二级指标	描述	1	2	3	4	5	修改建议
数字学习和研究能力	数字资源应用	根据研究需要运用数字资源的能力，如运用各类资源（文献、数据等）进行研究的能力						
数字教学创新能力	数字资源创造	在现有中文数字资源的基础上，运用数字技术和工具有针对性地创造中文教学数字资源的能力						
	数字教学环境创设	利用数字技术（如VH、AH）将现有的数字资源整合为中文教学所需的虚拟仿真或真实教学情境的能力						
	教学法创新	根据线上教学和混合教学的特点，利用数字技术创新中文教学法（如电子竞技、动画学习、多重感知学习等）的能力						
	教学管理创新	将数字技术用于中文教学管理，创新中文教学管理方式和管理手段的能力						
	数字批判思维	批判性地选择和运用数字资源，利用数字技术和工具发现问题、分析问题、解决问题的能力						

请根据国际中文教育的专业特点及未来国际中文教学的发展，对该标准框架构成要素提出您的看法和补充意见：________________________

____

____

____

第二部分　关于指标计分依据的专家自评

下表是对以上指标选择的四种判断依据，请专家自评判断的依据，对自己做出判断的影响程度“大、中、小”做出判断，在选项中划“√”。

判断依据	影响程度		
	大	中	小
直观感觉			
理论分析			
实践（工作）经验			
对国内外的相关了解			

非常感谢您对本研究的支持！

附录四　第三轮国际中文教师数字能力标准模型的构成要素咨询

尊敬的专家：

您好！非常感谢您在百忙之中抽出时间，为我们的研究填写关于“国际中文教师数字能力标准模型构成要素”的专家咨询问卷。本研究在第二轮专家咨询建议的基础上，修订了教师数字能力的构成要素：包括数字意识、数字知识、数字技术能力、数字教学能力、数字研究能力、数字教学创新能力6个一级指标和若干二级指标。本问卷主要是关于国际中文教师数字能力的一级和二级指标的评议。此次专家咨询仅用于本次学术研究，对于问卷的信息与评估结果我们将严格保密。

国际中文教师数字能力标准模型的构成要素的评议

请您对该指标体系的一级指标和二级指标的重要程度打分（其中数字1、2、3、4、5代表该指标在此维度中的重要程度，1代表特别不重要，2代表不重要，3代表一般重要，4代表比较重要，5代

表非常重要，请在您认为相对应的方格中划“√”），并对指标的修改建议填写在修改建议表格里。

一级构成要素指标评议

	一级构成要素指标	1	2	3	4	5	修改建议
国际中文教师数字能力	数字意识						
	数字知识						
	数字技术能力						

续表

	一级构成要素指标	1	2	3	4	5	修改建议
国际中文教师数字能力	数字教学能力						
	数字研究能力						
	数字教学创新能力						

二级构成要素指标评议

一级指标	二级指标	描述	1	2	3	4	5	修改建议
数字意识	学习意识	具有主动学习数字技术的意识，探索和运用数字技术支持终身学习、促进自身发展						
	技术运用意识	具有主动运用数字技术（如多媒体技术、网络技术、大数据、AI、VR等）开展教学和研究及发展自我的意识						
	跨文化意识	运用数字工具或平台帮助学生理解跨文化语境，增强跨文化意识，发展跨文化交际技能						
	合作意识	运用数字工具或平台与同事等开展资源共享、分工协作等方面的意识						
	数字安全意识	遵守所在国家和地区的数字政策、法律，保护个人设备和数字内容，防范网络风险等意识						
数字知识	数字教学理论知识	掌握与数字化教学相关的理论性知识，包括数字化教学理念与价值观念、教学法等方面的知识						
	数字道德知识	了解所在国家和地区的网络政策、法律、道德准则、资源版权许可和网络礼仪等知识，数字技术教育实践符合所在国家的道德法律要求						
	数字技术知识	掌握如何在教学中使用数字技术的知识，如了解应用于中文教育领域的数字技术、利用数字技术解决问题、创新教育教学模式等方面的知识						
	数字工具知识	了解中文教学常见的教学软件、教学设备、网络学习平台、社交软件等数字工具操作方面的知识						

续表

一级指标	二级指标	描述	1	2	3	4	5	修改建议
数字技术能力	多媒体技术	使用多媒体设备的能力，制作和运用多媒体教学课件的能力						
	网络技术	使用网络资源和平台开展教学和研究的能力（如远程教学、翻转课堂等）						
	语料库技术	收集语料、创建语料库的能力，查找、筛选等使用语料库的能力						
	数字媒体技术	运用所在国家的视频网站（如YouTube）、社交媒体（如微信、博客）等数字媒体开展国际中文教学、传播中华文化的能力						
	新技术应用	使用新技术（如大数据分析技术、人工智能、虚拟现实技术等）或产品进行教学和研究的能力						
数字教学能力	教学设计	利用数字技术辅助中文教学设计的能力，如设计课堂教学的内容和方法等						
	教学组织	利用数字技术进行教学组织的能力，如利用网络平台组织学生开展自主学习/合作学习等						
	教学管理	利用数字技术进行教学管理的能力，如利用教学软件和数字设备进行学生管理、课堂管理等						
	教学评价	利用数字技术进行教学评价的能力，如基于线上教学的数据进行过程性评价和结果性评价						
	教学反思	利用数字技术和工具进行教学反思实践的能力，如运用电子学习档案（E-portfolio）、教学视频等进行教学反思						
数字研究能力	数字资源获取	根据研究问题获取数字资源的能力，如数据获取、文献检索等						
	数字资源管理	使用数字工具管理数字资源的能力，如文献管理软件（如Note-Express）、数据管理软件的使用						
	数字资源应用	根据研究需要运用数字工具对数字资源的分析和处理的能力，如对文献和数据的分析、处理						

续表

一级指标	二级指标	描述	1	2	3	4	5	修改建议
数字教学创新能力	数字资源创造	能够运用数字技术和工具整合现有中文数字资源，创造适合自己教学所需数字资源的能力。						
	数字教学环境创设	利用数字技术（如VH、AH）将现有的数字资源整合为中文教学所需的虚拟仿真或真实教学情景的能力						
	教学法创新	根据线上教学和混合教学的特点，利用数字技术创新中文教学方法的能力						
	教学管理创新	将数字技术用于中文教学管理，创新中文教学管理模式和管理手段的能力						
	数字批判思维	批判性地选择和运用数字资源服务国际中文教学和研究的能力，能正确认识数字技术应用于语言教学的长处与短处						

请根据国际中文教育的专业特点及未来国际中文教学的发展，对该标准框架构成要素提出您的看法和补充意见：________________________

____

____

____

非常感谢您对本研究的支持！

附录五　国际中文教师数字能力标准模型指标权重咨询

尊敬的专家：

您好！非常感谢您在百忙之中抽出时间，为我们的研究填写关于“国际中文教师数字能力标准模型指标权重”的专家咨询问卷。本研究旨在通过专家对一级权重打分和二级的重要性排序来计算标准模型指标的权重。本问卷主要由两部分组成：第一部分是关于国际中文教师数字能力的二级指标的重要性排序；第二部分是关于您对一级指标的权重打分。此次专家咨询仅用于本次学术研究，对于问卷的信息与评估结果我们将严格保密。

第一部分　国际中文教师数字能力标准模型的二级指标的重要性排序

请您对该指标体系的二级指标的重要性排序，将二级指标重要性的排序结果请填写在重要性排序的表格里。

二级构成要素指标评议

一级指标	二级指标	重要性排序
A数字意识	A1学习意识	请将二级指标A1–A5按重要性递减排序：
	A2技术运用意识	
	A3跨文化意识	
	A4合作意识	
	A5数字安全意识	

续表

一级指标	二级指标	重要性排序
B数字知识	B1数字教学理论知识	请将二级指标B1–B4按重要性递减排序：
	B2数字道德知识	
	B3数字技术知识	
	B4数字工具知识	
C数字技术能力	C1多媒体技术	请将二级指标C1–C5按重要性递减排序：
	C2网络技术	
	C3语料库技术	
	C4数字媒体技术	
	C5新技术应用	
D数字教学能力	D1教学设计	请将二级指标D1–D5按重要性递减排序：
	D2教学组织	
	D3教学管理	
	D4教学评价	
	D5教学反思	
E数字研究能力	E1数字资源获取	请将二级指标E1–E3按重要性递减排序：
	E2数字资源管理	
	E3数字资源应用	
F数字教学创新能力	F1数字资源创造	请将二级指标F1–F5按重要性递减排序：
	F2数字教学环境创设	
	F3教学法创新	
	F4教学管理创新	
	F5数字批判思维	

第二部分　国际中文教师数字能力标准模型的二级指标的权重

填表说明：本次专家咨询将采用AHP层次分析法确定各指标权重，请您对本研究拟定的各级指标的重要性进行两两比较，根据您的实际经验与独到看法加以判断，并于适当的空格内打√。各指标间的重要性采取9度法打分（如选择折中值，点击其他选项框填写数值）。

评分说明：

1：A比B同样重要

3：A比B稍微重要

5：A比B比较重要

7：A比B非常重要

9：A比B绝对重要

1/3：A比B稍微不重要

1/5：A比B比较不重要

1/7：A比B非常不重要

1/9：A比B绝对不重要

2，4，6，8，1/2，1/4，1/6，1/8：表示重要程度介于1–3，2–5，……之间

例如：在比较"A数字技术能力"与"B数字教学能力"两个一级构成要素时，相对重要程度分为9个等级："极重要"、"很重要"、"重要"、"稍重要"、"同等重要"、"稍微不重要"、"比较不重要"、"非常不重要"、"绝对不重要"。若您认为"A数字技术能力"比"B数字教学能力"比较不重要，在右边的"比较不重要"处划"√"（如需要折衷值，则在两尺度中间填写折衷数值）。例如以下范例所示：

一级指标	极重要	很重要	重要	稍重要	同等重要	稍微不重要	比较不重要	非常不重要	绝对不重要	一级指标
	9	7	5	3	1	1/3	1/5	1/7	1/9	
A数字技术能力							√			B数字教学能力

国际中文教师数字能力一级指标权重打分表

一级指标	极重要	很重要	重要	稍重要	同等重要	稍微不重要	比较不重要	非常不重要	绝对不重要	一级指标
	9	7	5	3	1	1/3	1/5	1/7	1/9	
数字意识										数字知识
数字意识										数字技术能力
数字意识										数字教学能力
数字意识										数字研究能力
数字意识										数字教学创新能力
数字知识										数字技术能力
数字知识										数字教学能力
数字知识										数字研究能力
数字知识										数字教学创新能力
数字技术能力										数字教学能力
数字技术能力										数字研究能力
数字技术能力										数字教学创新能力
数字教学能力										数字研究能力
数字教学能力										数字教学创新能力
数字研究能力										数字教学创新能力

非常感谢您对本研究的支持！

附录六　国际中文教师数字能力水平自评问卷

尊敬的老师：

您好！本问卷是关于国际中文教师数字能力的调查（注：不包括海外本土中文教师）。问卷采取匿名的形式进行填写，仅为调查研究所用，不会给您带来任何影响。该问卷采用李克特五级量表，其中1代表完全不符合，2代表不太符合，3代表不确定，4代表符合，5代表完全符合。在此占用您一点宝贵的时间，请您帮助我们完成这份调查问卷，您的填写对我们的研究具有非常重要的意义，请根据您的实际情况作答，谢谢您的支持与配合！

一、个人基本信息

1.您所在大学名称是：________________________

2.您的性别：

A男　　B女

3.您的年龄是：

A.20岁及以下　　B.21–25岁　　C.26–30岁　　D.31–35岁

E.36–40岁　　F.41–45岁　　G.46–50岁　　H.51–55岁

I.55岁以上

4.您的最高学历是：

B.本科　　C.硕士　　D.博士

5.您的最高学历所学专业是：

A.汉语国际教育　　B.中国语言文学　　C.外国语言文学

D.教育学　　E.传播学　　F.心理学

G.其他专业（请注明）________________________

6.您的职称是：

A.助教 B.讲师 C.副教授（副研究员） D.教授（研究员） E.其它

7.您从事国际中文教学工作大约___________年

8.您参加数字能力培训的方式有哪些？（可多选）

A参加过教育技术、文献检索、编程等方面的专业课程（包括您上学期间）

B学校组织的短期培训班或工作坊 C自己报名参加培训班

D自己在网上学习一些课程 E其它方式（请注明）_________

F没参加过任何培训

9.您所在单位的数字教学环境如何？（比如有智能教学设备、网络、数字教学资源等）

A.很好 B.比较好 C.一般 D.比较差 E.很差

10.您对线上中文教学的态度是：

A.非常喜欢 B.比较喜欢 C.一般 D.不喜欢 E.特别不喜欢

二、国际中文教师数字能力自评

数字意识（1–7题）

1.我能够主动学习数字技术提升自己的数字能力。

A.完全不符合 B.不太符合 C.不确定 D.符合 E.完全符合

2.我具有主动使用数字技术（如多媒体技术、网络技术、大数据、AI、VR等）开展中文教学和研究的意识

A.完全不符合 B.不太符合 C.不确定 D.符合 E.完全符合

3.我认为与学生和所在国家社区居民线上交流时要有跨文化意识。

A.完全不符合 B.不太符合 C.不确定 D.符合 E.完全符合

4.我在展现数字教学内容时会考虑学生的文化背景，增强学生的跨文化意识，培养学生的跨文化交际技能。

A.完全不符合 B.不太符合 C.不确定 D.符合 E.完全符合

5.我具有运用数字工具或平台与同事开展资源共享、分工协作等方面的意识。

A.完全不符合　B.不太符合　C.不确定　D.符合　E.完全符合

6.我自觉遵守所在国家和地区的网络政策、法律和道德准则。

A.完全不符合　B.不太符合　C.不确定　D.符合　E.完全符合

7.我具有保护个人设备和数字内容及防范网络风险等意识。

A.完全不符合　B.不太符合　C.不确定　D.符合　E.完全符合

数字知识（8–12题）

8.我已掌握与数字化教学相关的理论性知识，如数字化教学理念、教学法知识等。

A.完全不符合　B.不太符合　C.不确定　D.符合　E.完全符合

9.我已掌握使用数字技术的知识，如掌握利用数字技术解决问题、开展在线中文教学等方面的知识。

A.完全不符合　B.不太符合　C.不确定　D.符合　E.完全符合

10.我了解中文教学常见的教学软件、教学设备、网络学习平台、社交软件等数字工具操作方面的知识。

A.完全不符合　B.不太符合　C.不确定　D.符合　E.完全符合

11.我了解所在国家和地区的网络政策、法律、道德准则、资源版权许可和网络礼仪知识。

A.完全不符合　B.不太符合　C.不确定　D.符合　E.完全符合

数字技术能力（12–20题）

12.在中文教学中，我能够熟练使用多媒体设备。

A.完全不符合　B.不太符合　C.不确定　D.符合　E.完全符合

13.我能够熟练使用多媒体技术制作教学课件。

A.完全不符合　B.不太符合　C.不确定　D.符合　E.完全符合

14.我能够熟练使用网络资源和平台开展教学和研究（如远程教学、翻转课堂等）。

A.完全不符合　B.不太符合　C.不确定　D.符合　E.完全符合

15.我能够通过互联网收集语料、自建语料库。

A.完全不符合　B.不太符合　C.不确定　D.符合　E.完全符合

16.我能够使用语料库查找、筛选所需的语料。

A.完全不符合　B.不太符合　C.不确定　D.符合　E.完全符合

17.我能够利用数字工具制作中文教学和中华文化教学的数字内容（如音频、视频）。

A.完全不符合　B.不太符合　C.不确定　D.符合　E.完全符合

18.我能够运用所在国家的视频网站（如YouTube）、社交媒体（如微信、博客）等数字媒体开展中文教学和传播中华文化。

A.完全不符合　B.不太符合　C.不确定　D.符合　E.完全符合

19.我能够使用新技术（如大数据分析技术、人工智能、虚拟现实技术等）或产品进行中文教学和研究。

A.完全不符合　B.不太符合　C.不确定　D.符合　E.完全符合

20.我能够熟练使用中文教学常见的教学软件和网络学习平台。

A.完全不符合　B.不太符合　C.不确定　D.符合　E.完全符合

数字教学能力（21–26）

21.我能够利用数字技术（如多媒体技术、网络技术）和数字工具设计线上教学活动。

A.完全不符合　B.不太符合　C.不确定　D.符合　E.完全符合

22.我能够依据数字教学模式（如线上教学、混合式教学）选择教学策略。

A.完全不符合　B.不太符合　C.不确定　D.符合　E.完全符合

23.我能够利用网络平台组织学生开展自主学习/合作学习。

A.完全不符合　B.不太符合　C.不确定　D.符合　E.完全符合

24.我能够利用教学软件和数字设备管理学生和课堂。

A.完全不符合　B.不太符合　C.不确定　D.符合　E.完全符合

25.我能够基于线上教学数据进行过程性评价和结果性评价。

A.完全不符合　B.不太符合　C.不确定　D.符合　E.完全符合

26.我能够运用电子学习档案（E-portfolio）、教学视频等进行教学反思。

A.完全不符合　B.不太符合　C.不确定　D.符合　E.完全符合

数字研究能力（27–29题）

27.我能够使用数字资源库（如BCC、中国知网）或互联网获取所需的数字资源（如文献、数据）。

A.完全不符合　B.不太符合　C.不确定　D.符合　E.完全符合

28.我能够使用数字工具（如Note-Express、Excel、Access）有效管理我的数字资源。

A.完全不符合　B.不太符合　C.不确定　D.符合　E.完全符合

29.我能够利用数字工具有效运用数字资源进行国际中文教育研究，如文献、数据的分析和处理。

A.完全不符合　B.不太符合　C.不确定　D.符合　E.完全符合

数字教学创新能力（30–34题）

30.我能够运用数字技术和工具整合现有中文数字资源，创造适合自己教学所需的数字资源。

A.完全不符合　B.不太符合　C.不确定　D.符合　E.完全符合

31.我能够利用数字技术（如虚拟现实VR、增强现实AR）将现有的数字资源整合为中文教学所需的虚拟仿真或真实教学情景。

A.完全不符合　B.不太符合　C.不确定　D.符合　E.完全符合

32.我能够根据线上教学和混合教学的特点，利用数字技术创新中文教学法。

A.完全不符合　B.不太符合　C.不确定　D.符合　E.完全符合

33.我能够将数字技术创新中文教学管理模式和管理手段。

A.完全不符合　B.不太符合　C.不确定　D.符合　E.完全符合

34.我能够批判性地选择和运用数字资源服务国际中文教学和研究。

A.完全不符合　B.不太符合　C.不确定　D.符合　E.完全符合

后　记

读博士对我来说是一个巨大的挑战，虽然硕士专业是语言学家应用语言学专业，对外汉语研究方向，但硕士毕业后主要从事行政工作，学术功底很差，读博士以前没有像样的研究成果，幸亏2013–2016年去吉尔吉斯国立民族大学孔子学院公派三年，重新回到了国际汉语教学的课堂，重新点燃了我从事国际汉语教学工作的热情，这使得我鼓起勇气考博，有幸于2018年9月考入中央民族大学国际教育学院，当年已经40岁了，是我们国际教育学院2018级年龄最大的一位同学，自己深知专业素养、学习能力是本届最弱的，要想不负自己读博这一经历，唯有努力学习，从入校开始就过着图书馆、食堂、宿舍简单的三点一线生活，开始慢慢地努力前行，一个阶段一个阶段地完成既定的目标，三年时间完成这么多的任务确实难度很大，加之疫情的影响耽误了很多时间，疫情期间，爱人在北京民大的宿舍撰写毕业论文，家里只有我和可爱的女儿，自知在读博期间，陪伴女儿的时间少，想着这段时间好好陪陪女儿，帮助她养成一些好的生活习惯，一起陪她上线上的体育课，一起下棋，减轻她在封闭环境中的压力，大半年的时间论文写作进展缓慢，心急如焚，好在9月能够返校，可以集中一段时间进行论文的写作，寒假回家时答应老师春节前交初稿，回去后自己一个人在家里继续撰写论文，在2月11日早上交给老师初稿的时候，感觉心里一下轻松了许多，像是终于完成了一件人生大事一样。

读博一路走来，遇到了诸多良师益友，在这里衷心感谢帮助我的各位师长同仁们：感谢导师刘玉屏教授这三年对我的帮助和支持，刘老师为人随和，但做学问态度严谨，每次找老师修改论文，老师都很认真地、一字一句地修改，刘老师对我们很包容，没有给我们太大的压力，让我们自己尽其所能地完成学业；感谢师公在每次聚会时给我们讲故事，用幽默诙谐的语言给我们分享自己的社会经验，使我们学会了很多人生哲理，享受了愉快的聚会时光；感谢给我们上课的各位老师，从你们那里我学到了专业知识、研究方法，拓展了我的研究视野；感谢开题、预答辩和答辩的专家们给我提出了宝贵的修改意见和建议；感谢13位咨询专家对我研究的支持和帮助；感谢帮我做问卷的老师和朋友们；感谢袁萍学姐、王祖嫘学姐、张海威老师、王鹤楠老师等给予我在研究工具、研究方法和问卷设计等方面的指导和帮助；感谢我的同学互相鼓励，一起度过这艰辛而愉快的三年时光；感谢同门的兄弟姐妹们对我研究的帮助；感谢我的家人对我读博的理解和支持，这使得我把精力投入到我的学业当中，尽早地完成学业。

尽管本人在这三年努力学习专业领域知识、研究方法和统计分析方法等方面的知识，提升自己的研究能力，但终究还是在有限的领域向前迈进了一小步。本研究尝试构建国际中文教师数字能力标准模型，并用可操作性的研究范式探究国际中文教师数字能力的主要构成要素，从某种程度上打开了暗箱一隅，但在此基础上，对国际中文教师数字能力的拓荒研究，如国际中文教师数字能力标准、评价体系、专业相关的数字能力课程研发等有待探索。此外，由于个人研究能力水平的局限，对于论据材料的搭建以及观点的提炼，难免有疏漏与偏颇之处。

最后，博士论文写作是一次专业的学术训练。起笔之初，不知从哪里来到哪里去，搁笔之时，渐渐明了何去何从，并且认识到诸多不足。尽管科学研究永远充满未知，但论文实践让我有勇气相信，以后能做得更好。

李晓东

2021年3月21日